U0330379

中国式现代化与城市国际化丛书

国际传播能力视角下
广州城市形象传播实践与创新

胡泓媛◎著

中山大學出版社
SUN YAT-SEN UNIVERSITY PRESS
·广州·

图书在版编目（CIP）数据

国际传播能力视角下广州城市形象传播实践与创新/胡泓媛著．—广州：中山大学出版社，2024.9
（中国式现代化与城市国际化丛书）
ISBN 978-7-306-08084-4

Ⅰ.①国…　Ⅱ.①胡…　Ⅲ.①城市—形象—传播—研究—广州
Ⅳ.①F299.276.51

中国国家版本馆 CIP 数据核字（2024）第 086962 号

出 版 人：王天琪
策划编辑：金继伟
责任编辑：王　璞
封面设计：曾　斌
责任校对：王凌丹
责任技编：靳晓虹
出版发行：中山大学出版社
电　　话：编辑部 020-84110283，84113349，84111997，84110779，84110776
　　　　　发行部 020-84111998，84111981，84111160
地　　址：广州市新港西路 135 号
邮　　编：510275　　传　　真：020-84036565
网　　址：http://www.zsup.com.cn　E-mail：zdcbs@mail.sysu.edu.cn
印 刷 者：佛山市浩文彩色印刷有限公司
规　　格：787mm×1092mm　1/16　15.5 印张　240 千字
版次印次：2024 年 9 月第 1 版　2024 年 9 月第 1 次印刷
定　　价：78.00 元

广州市社会科学院新型智库平台

广州国际城市创新研究中心

广州市宣传思想文化优秀创新团队

广州城市国际交往研究团队

广州市哲学社会科学规划2024年度重大课题
（编号：2024GZZD26）成果

目录

第一章 新时代国际传播能力建设的发展趋势

2021 年，习近平总书记在主持中共中央政治局第三十次集体学习时强调，讲好中国故事，传播好中国声音，展示真实、立体、全面的中国，是加强我国国际传播能力建设的重要任务。要深刻认识新形势下加强和改进国际传播工作的重要性和必要性，下大气力加强国际传播能力建设，形成同我国综合国力和国际地位相匹配的国际话语权，为我国改革发展稳定营造有利外部舆论环境，为推动构建人类命运共同体作出积极贡献。经过党的十八大以来在理论和实践上的创新突破，中国共产党成功推进和拓展了中国式现代化，党的二十大确立了新征程上以中国式现代化全面推进中华民族伟大复兴的使命任务，指明了中国话语和中国叙事体系的建构方向，也对城市等各层次地区国际传播能力的构成提出了要求。

第一节　新时代国际传播能力建设的核心要义

新中国成立以来，中国共产党团结带领人民群众上下求索，百折不挠，不断创新突破，走出了中国式现代化的道路。中国式现代化是我国全面建设社会主义现代化强国的路径选择，对国家各项事业的发展具有根本性、全局性的指导意义，也是国际传播工作的根本遵循。把握中国式现代化使命任务，才能准确构建中国叙事体系，增强中华文明传播力与影响力。

一、中国式现代化：中国故事的思想内核

中国式现代化，是中国共产党领导的社会主义现代化，不仅有各国现代化的共同特征，更有基于自己国情的中国特色。党的二十大报告对中国式现代化做出深刻阐释，确立了中国式现代化作为推进中华民族伟大复兴的实践道路，成为全面建设社会主义现代化国家战略布局的理论支撑。

党的二十大报告明确当前中国共产党的中心任务是以中国式现代化全面推进中华民族伟大复兴，回答了中国式现代化发展动力的问题。这是对中国国家治理体系和治理能力的实践总结。作为中国特色社会主义事业的领导核心，中国共产党的诞生和发展本身就是社会主义事业在中国特定历史条件下的必然选择。政党本质上是特定阶级利益的集中代表者，是特定阶级政治力量中的领导力量，是各阶级的政治中坚分子为了夺取或巩固国家政治权力而组成的政治组织。[①] 中国共产党党章明确，中国共产党是中国工人阶级的先锋队，是中国人民和中华民族的先锋队，中国共产党代表

---

① 王浦劬：《政治学基础》，北京大学出版社 2005 年版。

的阶级利益是中国人民的整体利益，以国家和民族的整体利益为奋斗目标。在具体的施政过程中，中国共产党以马克思主义为指导，具有科学的理论指导、严密的组织和强大的执行能力。中国共产党以其自我革新、敢于创新的磅礴力量，不断破除各方面体制机制弊端，为中国式现代化注入不竭的动力。长期以来，中国现代化实践取得的成功无不是在中国共产党的领导下实现的。坚持中国共产党领导，是中国式现代化最本质的特征和最大的优势。

中国式现代化是基于中国国情现实的现代化理论创新，五个方面的科学内涵分别对应了中国特色社会主义实践演进中的主要探索与思考。

人口规模巨大的现代化，立足于当代中国发展的基本国情。带领 14 亿多人口整体迈进现代化社会，其艰巨性和复杂性是世界上任何一个国家都难以比拟的。中国的任何发展战略论证和实施都必须经受住巨大人口规模的考验。不同社会成员的发展条件和利益诉求并不一致，行业差距、城乡差距、区域差距，乃至同区域间不同社会群体能够享有的资源禀赋都会有一定落差，解决人民群众对美好生活的向往与发展不平衡不充分之间的矛盾，其难度是不言而喻的。

全体人民共同富裕的现代化，与巨大的人口规模特色对接，回答了中国式现代化的价值导向问题。思考人口规模巨大的问题，是为了实现全体人民共同富裕的发展目标。社会主义的本质是解放生产力，发展生产力，消灭剥削，消除两极分化，最终达到共同富裕。共同富裕是中国作为社会主义国家的追求目标，旨在消除两极分化、让全体人民有机会凭自己的贡献分享发展的成果，而不是简单粗暴地采用平均主义的方式。共同富裕是指导中国长期发展战略的价值导向，中国式现代化采用的实现方式是渐进式的，以解放和发展生产力为主要动力，同时优化社会分配方式，以先富带动后富，形成互帮互助、共同进步的和谐社会氛围。

物质文明和精神文明相协调的现代化，聚焦于中国式现代化的主要发展任务。中国式现代化强调物质文明与精神文明的平衡发展，强调人的全面发展，扩展了现代化的特征。强大的物质基础固然是现代化的题中之

义，但是哲学、社会学等对人性的更深层的探究发现，健康丰富的精神生活是实现人的更好发展的必备要素。物质富足、精神富有是社会主义现代化的具体表现。中国式现代化的施政重视经济建设、文化建设、社会建设等各方面的全面发展。

人与自然和谐共生的现代化，从生命大爱的高度，解答了中国致力于生态建设的意义。新中国成立以来，曾走过西方“先污染、后治理”的老路，走过生态环境破坏的弯路。但是中国及时认清了环境破坏对人类的整体生存，乃至维护地球家园的致命打击，不惜以暂时牺牲发展速度的代价，部署绿色发展战略，主动谋划生产力的绿色化转型，大力投入山水林田湖草沙一体化保护和系统治理，闯出一条生产力发展和与自然生态发展和谐共生的新路子，不断证明发展与环保的平衡共进是现实可行的。

走和平发展道路的现代化，回答了中国置身于人类文明中的思考。中国是四大文明古国中唯一文明延续至今的国家。经历了5000年的历史轮回，中华民族比世界上任何民族更能认识到和平的珍贵，以及世界大同的本源。通过战争、殖民、掠夺等方式实现的现代化，都不可持续发展，还会徒增民族间、地区间的芥蒂。只有和平发展，世界各国相互尊重、合作共赢，推动构建人类命运共同体，才能真正实现人类文明的永续发展和长久繁荣。

二、中国叙事的话语意蕴

以中国式现代化为思想内核，聚焦现代化实践的深层问题、重大问题、突出难题，中国叙事可以从三个层次提炼话语意蕴，从而丰富与发展中国现代化的传播叙事体系。

首先是人的现代化。现代化的本质是人的现代化。[①] 生产力的解放、

① 中共中央文献研究室：《习近平关于社会主义经济建设论述摘编》，中央文献出版社2017年版。

物质的富足都是为人的自由全面发展服务的。讲好中国故事必须以“人民性”的传播为核心。对于客观现实的呈现，注重挖掘“人口规模巨大”的治理挑战，“全体人民共同富裕”的发展目标，政治、经济、文化、社会等各个方面“以人为本”的制度设计逻辑和协调公平与效率的创造性发展智慧。例如，中国共产党领导的多党合作和政治协商制度、民族区域自治制度、基层群众自治制度等政治制度，中国特色社会主义市场经济体制的创新和发展。

其次是人与自然的关系。21 世纪以来，中国共产党越来越深入地思考发展的可持续性问题，认清了人与自然和谐共生的本质，并积极实践做出改变。从“科学发展观”一路走来，我们不断推动“绿色低碳发展”“绿水青山就是金山银山”“高质量发展”等体现人与自然和谐共生的发展主张话语表达，做出了坚决打赢蓝天保卫战、碧水保卫战、净土保卫战、生态保护修复的积极实践，制定“碳达峰”“碳中和”战略，以实际行动推动生态文明建设，取得了历史性、转折性、全局性的正向变化。讲好中国故事要突出人与自然协调发展的理性思考，着重呈现我国在发展过程中提高碳利用率、推动生态文明建设的探索和对生态环境改善的贡献。

更进一步地，探讨人与人的关系，即民族与世界的关系。中国式现代化对世界范围内人类文明发展的方向的引领启发是全方位的。在这样一种新的发展诉求之下，中国和世界的发展都面临着新的可能性。我们走和平发展的现代化道路，渴望融入全球化的怀抱，在和平的历史机遇中实现自我发展。而世界的局部动荡从未停歇，在百年未有之大变局和全球性危机的交织之下，对国际秩序的维护和对世界和平的珍惜成为人类共同的价值追求。构建人类命运共同体的理念与实践受到越来越多国家人民的欢迎，成为国际传播消除民族隔阂和心理芥蒂的重要抓手。

三、新时代加强国际传播的价值追求

中国式现代化丰富和发展了现代化理论。马克思主义中国化的“两个结合”深刻思考了人类文明的终极追求和人类社会的最终发展形态，进一步明晰了现代化前进的方向，并以此丰富了现代化的内涵。追求物质文明和精神文明的协调发展，将生产力发展的范畴向精神富足延展。追求人与自然的和谐发展、全世界的和平发展，是融入了各学科对人类发展的终极思考，对生产力解放路径的正义性、正当性、科学性的深刻探讨。加强中国叙事的国际传播，就是要启发和带动更多国家共同实现现代化。

新时代的国际传播工作，要讲好中国为世界现代化实践贡献的中国模式和中国方案。中国是世界上最大的发展中国家，巨大的人口规模、经济体量是以往任何现代化案例所不能比拟的。中国人民根据中国国情，跳出了西方国家现代化的思维定式，对社会制度和生产力解放进行了独立自主的探索，形成了人民代表大会制度、中国共产党领导下的多党合作制、全过程人民民主、渐进式改革开放、扶贫事业等一大批中国实践探索出的制度设计。改革开放40多年来，中国7.5亿人摆脱贫困，对世界减贫贡献率超过70%。中国将世界五分之一的人口带入现代化，该数量大幅度超过现有发达国家的人口总量。每个国家都有不同的国情和特色，甚至发展理念也各有不同，中国式现代化每一个成功的脚印，都书写着通过不同路径走向现代化的可能性，为发展中国家自主发展实现现代化提供了方向与希望。

新时代的国际传播工作，要呈现中国式现代化为世界现代化进程提供的重要动力。中国对世界经济增长的平均贡献率达到38.6%，超过七国集团国家贡献率的总和。世界银行数据显示，中国经济每多增长一个百分点，新加坡的GDP就多增长1.2%，马来西亚的GDP多增长0.8%，印度尼西亚的GDP多增长0.6%。麦肯锡全球研究院的研究报告认为，到2040年，通过中国和世界其他经济体的彼此融合，将有望创造22万亿至

37 万亿美元的经济价值，相当于全球经济总量的 15%～26%。中国已成为 140 多个国家和地区的主要贸易伙伴和全球第一货物贸易大国；年度实际使用外资从 7000 多亿元人民币增长到 1.15 万亿元人民币，境外投资存量由不足 0.6 万亿美元增长到超过 2.7 万亿美元。在世界政治经济深度动荡、新冠疫情全球大流行的深度打击下，中国推动高质量发展，经济保持稳定增长，成为世界经济复苏和稳定向好的“稳定器”。

新时代的国际传播工作，要展现好在追求和平、发展、公平、正义、民主、自由的全人类共同价值的同时，强调和而不同，在文明间平等对话与合作共赢的主张。中国先后提出共建“一带一路”倡议、全球发展倡议、全球安全倡议、全球文明倡议等，致力于构建人类命运共同体。这些都在推动人类文明向更美好方向发展上做出了巨大的贡献。中国实现现代化是世界和平力量的增长，是国际正义力量的壮大。中国式现代化蕴含的世界观、价值观、历史观、文明观、民主观、生态观，形成了独特且富含解决人类各种问题密码的价值体系，将人类文明引向共同进步的阶梯。

第二节　新时代国际传播的故事题材

对外传播过程中要注重中国价值的集中化表达，寻求更能达成全球共识的传播话题，从而厘定出中国价值的核心传播主张，对接联合国可持续发展目标，建立立体、全面、综合的题材集群。深刻理解中国式现代化的内涵意蕴及其世界意义，就能使国际传播更加准确、主动地设置议程，更加清晰地整合集成中国故事题材，集中呈现中国共产党领导下，马克思主义基本原理与中国具体实际、同中华优秀传统文化相结合的中国式现代化文化形态。

一、人口规模巨大的故事题材

中国巨大的人口规模是全世界公认的现实国情。带领全世界最巨大的人口体量迈向现代化，具有无与伦比的艰巨性，使这一巨大的发展挑战成为讲好中国故事、阐释中国思考的最重要支点。以中国的现代化道路探索为素材，将实践道路上一个个具体事实解构出来，直面问题，将成功、挫折、彷徨、顿悟的持续思考组成鲜活的故事，形成国际传播话语的资源系统，能够激发国际受众对中国式现代化解决方案的好奇心，满足国际社会切实了解中国国情和发展逻辑的需求，打造出中国作为全球现代化进程探索的重要实验场形象；还能从中国式现代化的改革与创新实践取得的成功中客观呈现马克思主义对人类社会发展规律性认识的正确性，验证中国特色社会主义道路选择的正确性，不断凸显出社会主义制度的巨大优越性；更能够展现中国共产党领导人民上下求索、开拓创新的历史气魄，弘扬人民群众艰苦奋斗、百折不挠的伟大精神，书写自信谦和、可敬可爱的国家形象。人口规模巨大的故事题材，可以从三个层次进行铺排。

一是突出政治制度的人民性。“众口难调”是一个普遍真理。不同社会成员的发展条件和利益诉求并不一致，在人口规模巨大的情况下这种矛盾更加突出。中国故事要讲透人口规模巨大的挑战，引出中国式解决方案——全过程人民民主。着重讲好中国把选举民主与协商民主结合起来，把民主选举、民主协商、民主决策、民主管理、民主监督贯通起来，广泛覆盖到经济、政治、文化、社会、生态文明等各个方面政府运行决策当中去的制度逻辑，突出中国持续创造条件扩大人民参与的广泛性和持续性的努力，使国家政治生活和社会生活各环节各方面都体现人民意愿、听到人民声音。从而讲清楚“发展为了人民、发展依靠人民、发展成果由人民共享”，汇聚社会力量，充分激发广大人民群众的积极性、主动性、创造性的政策意图。

二是突出具体领域的集中突破。以问题为导向，以问题讨论的形式触发社会关注具体领域面临的问题紧迫性，诠释中国的探索思路和突破性进展，通过这些具体的治理绩效，彰显社会主义现代化的优越性。例如，改革开放和现代化建设“中国模式”的创新故事，在世界扶贫减贫事业中消除绝对贫困的伟大创举，建成世界上规模最大的教育体系、社会保障体系、医疗卫生体系的故事等。

三是突出对新情况新问题的解决方案。中国式现代化的各方面发展式并行的，市场化、工业化、城镇化、信息化、全球化等历史性变革在神州大地上同步展开、相互交织，在巨大的人口规模中进一步催化，衍生出一系列新情况、新问题。例如，数字经济的兴起与网络安全的需求相互交织，迫切需要新的行业规范；互联网平台的高速发展与网络空间治理的矛盾愈演愈烈，迫切需要新的法律制度规矩；城镇化与乡村振兴的同步展开，催生出新的就业形态和社会关系；等等。中国在各个新兴领域的治理探索也都能给世界其他地区带来启发。

二、全体人民共同富裕的故事题材

共同富裕，是马克思主义理论预测未来社会发展形态的重要特征，也是中国共产党为人民谋幸福的着力点。全体人民共同富裕是一个全社会发展的总体概念，是一个要持续推动的、在动态中向前发展的过程。[①] 在中华民族伟大复兴的进程当中，共同富裕作为奋斗理想而存在。放眼全球，共同富裕也是世界人民对发展的共同期盼。对共同富裕的故事传播，要注重呈现其全局性、过程性和多方路径。

首先，要讲好高质量发展、做大发展的“蛋糕”的故事。通过呈现提高人民受教育程度，提升劳动专业技能，增强就业创业能力和致富本领的举措，通过高素质劳动者提高全要素生产率，夯实高质量发展的动力基础，增加人民全面发展的机会，激发社会活力。例如，通过塑造中国企业

---

① 习近平：《扎实推动共同富裕》，载《求是》2021 年第 20 期。

家、技能人才队伍形象，展现中国制造业迈向中高端的步履，通过各行各业、各群体创新创业、勤劳致富的话语，展现网络强国、数字中国、智慧社会的前景，推动互联网、大数据、人工智能和实体经济深度融合，发展数字经济、共享经济等新增长点和新动能。

其次，要讲好探索分配公平的故事。要统筹做好提高发展的平衡性、协调性、包容性，扩大中等收入群体规模，促进基本公共服务均等化，加强对高收入的规范和调节等举措的传播，从公共政策体系的一件一件进展的传播投放，持续释放中国在经济发展和财力可持续基础上保障和改善民生，努力形成人人享有的合理分配格局的信号，尤其是注重转化已经在国内取得较好群众基础的“扶贫减贫”“遏制权钱交易”“医保集采降价”等传播题材，革命老区、民族地区、边疆地区等发展富民、和谐生活的题材。

三、物质文明和精神文明相协调的故事题材

物质富足和精神富有是人全面发展的一体两翼，共同富裕的理想也蕴含着人民群众物质生活和精神生活都富裕的要求。讲好物质文明和精神文明协调的故事，核心是呈现我国人民生活丰富多彩、全面发展的形象。

在物质生活的富足方面，科技创新对人民生活方式带来的重大变革，生活水平提高带来的消费升级及市场发展是最直观的故事题材。以提高人民生活品质为主线，以“科技改变生活，科技引领未来”为重点，将扩大消费作为拉动总需求的主角，发掘增强科技内驱力、实施供给侧结构性改革的故事，展现物质文明蓬勃发展形象。例如，加强载人航天、探月探火、深海深地探测、卫星导航、量子信息等科技创新重大成果，超级计算机等重大科研基础设施和科技支撑公共平台信息的传播，吸引国际科技界的交流合作；分享核电技术、大飞机制造、生物医药、云计算、人工智能、跨境电商、共享经济、高铁、桥梁建造、电子和科技消费品、医疗技术、环保技术等领域新成就给人民日常生活带来的有益变化，勾勒中国人

民便利生活、享受生活的美好画卷。

在精神生活的富有方面，中华文明创造性转化和创新性发展是故事的主线。中国式现代化生发的中华优秀传统文化和中国特色社会主义先进文化沃土让我们常怀历史自豪感。加强文化传承与发展、文化交流传播的故事生产，将中国特色的文化瑰宝附着在文化产品上，进行中华文明价值观软性的、嵌入式的传播。从接受度的高低层次，可以梳理出国际受众接受度较高的几种题材，并强化其传播影响。一是中国乡村的自然景观和乡土生活，描绘出令人神往的田园景象，讲述充满情趣、活力和烟火气的原生态中国故事。二是注入中国价值观念的大众流行文化作品，抓住全球新一代青年认识世界的契机，加强网游、动漫、影视、体育竞技、真人秀综艺、AI（人工智能）虚拟世界等能够集中呈现文化观点的流行文化产品的国际供给，唤起受众的共同情感和集体记忆。三是传统文化资源，例如，京剧、民乐、述法、国画、美食、武术、传统医学等非物质文化遗产，中国清明节、端午节、中秋节和春节等传统核心节日，从器物、制度和价值观等不同层面来解读或阐释中华文化内涵，让收藏在禁宫里的文物、陈列在广阔大地上的遗产、书写在古籍里的文字都活起来①，激发国际受众文明对话的意愿，让不同族群产生的“共同经验”拉近国家和民族沟通的距离，夯实交往的情感基础。

四、人与自然和谐共生的故事题材

优美宜居的生态环境是人民生活幸福的重要前提，人与自然和谐共生构成了人民对美好生活追求的重要组成部分。曾有一段短暂的时间，中国也走过“先发展、后治理”的老路，但是生态恶化的警钟迅速引起了我们的深刻反思。人与自然和谐共生成为中国坚定不移的发展路线，也成为

---

① 《习近平在中共中央政治局第十二次集体学习时强调　建设社会主义文化强国　着力提高国家文化软实力》，见《人民日报》2014 年 1 月 1 日，第 1 版。

中国式现代化对世界现代化道路的一项重要贡献。同时，生态文明和绿色发展是实现世界可持续发展的必由之路，生态环境保护、生物多样性也是国际社会和各国民众共同关注的话题，符合人类命运共同体的时代主题和价值追求。从第75届联合国大会提出“碳达峰”“碳中和”目标、第76届联合国大会强调坚持人与自然和谐共生，到《生物多样性公约》缔约方大会第十五次会议阐述地球生命共同体理念，再到绿色北京冬奥会，中国的生态文明建设凭借钢铁般的决心和意志、波澜壮阔的中国实践，已经进入全球的大视野，受到国际社会前所未有的关注。人与自然和谐共生的故事，内涵广泛、感染性强，其中生态文明理念、绿色发展实践、人居环境、生态保护的故事是特别容易引起国际共鸣的重要故事题材。

生态文明理念的故事重在讲深讲透人与自然和谐共生的迫切性，对话呼吁和团结国际生态保护的有生力量。结合世界环境日、联合国气候变化大会、生物多样性大会以及其他重大国际论坛的议题，以中外共通的情感和关切作为切入点，积极开展对话交流，持续阐述绿水青山就是金山银山的发展理念、良好生态环境是最普惠的民生福祉的宗旨精神、山水林田湖草沙是生命共同体等习近平生态文明思想，通过扎实的数据资料和完整的叙事逻辑解读环境政策，通过科普环保知识解读环境质量数据，从宏观层面论述中国式现代化走的节约资源、保护环境、绿色低碳的新兴发展道路，鼓励更多国家行动起来。

绿色发展的故事重在呈现中国科技发展如何增进全球人类的福祉及可持续发展，大力推进社会经济绿色、低碳、循环发展。例如，中国的农业科技发展在为增产增收、改善人民生活提供助益的同时，也保证自然生态系统的健康运转；在高铁工程、桥梁工程乃至青藏铁路修建的过程中对周边环境生态的兼顾；推动碳排放权交易，将技术和资金导向低碳发展领域，实施工业低碳行动和绿色制造工程，倒逼企业淘汰落后产能、转型升级，开发出绿色技术、设计出绿色产品、建设出绿色工厂等。

人居环境的故事重在聚焦城市更新，打造宜居、韧性、智慧城市的形象。从城市能源结构上，挖掘大力支持光伏发电、风力发电、电动汽车、

太阳能路灯等新能源应用案例，形成清洁能源逐步替代化石能源的模式。从城市功能布局上，挖掘历史文化街区、历史建筑的修复、修缮和活化利用当中打造韧性城市的生态协调的案例，推进基于数字化、网络化、智能化的新型城市基础设施建设等降低城市能耗的案例，反映宜居的生活环境给人民带来的获得感、幸福感、安全感。

生态保护的故事重在展现天蓝、地绿、水清的生态环保实践。着力介绍各地区各部门采取生态文明试验区、河湖长制、荒漠治理等新政策新举措取得的实效，尤其是重点讲好受到国际组织认可的生态保护成绩，如被联合国环境规划署确立为全球沙漠“生态经济示范区”的“三北”防护林工程，荣获联合国环保最高荣誉“地球卫士奖”的塞罕坝林场建设者、浙江省“千村示范、万村整治”工程等，展现生态文明建设的美丽中国画卷。

五、和平发展的故事题材

中国的发展是一条在开放中谋求共同发展的道路。中国式现代化对“以和为贵”“和而不同”“天下大同”的中华民族优秀传统文化基因的创造性转化与创新性发展，造就了对“和平、发展、公平、正义、民主、自由的全人类共同价值”的弘扬。习近平总书记鲜明地指出，推进中国式现代化是一项前无古人的开创性事业。[①] 中国向世界提出中国式现代化并不是要将一种既定道路结论强加于各国，而是希望激励广大发展中国家探索符合自身特点的发展道路。这是负责任的大国态度的集中体现。国际传播要讲好和平发展的故事，建立起与世界各国的交流平衡，有效地传播和解释自主观察世界所形成的知识与思想，获取国际支持、削弱敌对势

---

① 习近平：《正确理解和大力推进中国式现代化》，见人民网（http：//jhsjk.people.cn/article/32619731）。

力，努力避免处于被微观、被解释的反传播地位。[①]

中国已然开始分享的中国道路探索和发现是要突出中国式现代化故事题材。为了推动建设持久和平的世界，我们坚持对话协商；为了推动建设一个普遍安全的世界，我们坚持共建共享；为了推动建设一个共同繁荣的世界，我们坚持合作共赢；为了推动建设一个开放包容的世界，我们坚持交流互鉴；为了推动建设一个清洁美丽的世界，我们坚持绿色低碳。[②] 中国方案主张"高举和平、发展、合作、共赢旗帜，奉行独立自主的和平外交政策，坚持走和平发展道路，推动建设新型国际关系，推动构建人类命运共同体，推动共建'一带一路'高质量发展，以中国的新发展为世界提供新机遇"[③]。中国故事要着重传递中国爱好和平、共享发展的理念，提出网络主权、信息安全、自由贸易区、经济共同体、关税同盟、共同市场等前沿议题的思考，帮助世界各国理解中国与世界和平相处、推动人类文明进步的愿景与行动。

推动构建人类命运共同体是和平发展的目标理想。中国不仅大方地分享，更牵头践行和而不同的多元文明对话观，传递我国兼容并蓄的文化精神。尤其是要持续性地分享"一带一路"倡议、亚洲文明对话大会、中非合作论坛、中国－中亚合作论坛等中国牵头的国际对话与合作机制成果，强调不同文明主题之间的交往互动、平等交往、沟通理解的文明互鉴。大到"一带一路"倡议在投资沿线国家的基础设施建设、拓展原有经济合作渠道，向世界需要帮助的国家提供相应的公共产品等举措及成绩，小到中国企业在外履行社会责任的大小活动、中方人员在"一带一路"建设中的日常工作，展现中国上下同心的发展担当的故事。

① 刘建平：《从美国的公共外交认识国际传播》，载《新闻与传播》2010 年第 12 期。

② 习近平：《高举中国特色社会主义伟大旗帜 为全面建设社会主义现代化国家而团结奋斗——在中国共产党第二十次全国代表大会上的报告》，人民出版社 2022 年版。

③ 习近平：《在庆祝中国共产党成立 100 周年大会上的讲话》，载《求是》2021 年第 14 期。

第三节　新时代国际传播能力建设的新形势新要求

迈上全面建设社会主义现代化国家新征程，中国共产党和中国人民正信心百倍推进中华民族从站起来、富起来到强起来的伟大飞跃，中国发展的视野向更大范围投射，为国际传播工作打开了更大的格局。中华民族的伟大复兴是建立在世界和平与发展的大局之上的。加强国际传播能力建设，争取国际话语权，不仅是为了破解歧视和偏见的西方舆论围堵，更是为了巩固和发展关心和支持中国式现代化建设的各国朋友，推动构建人类命运共同体，为人类和平与发展崇高事业而奋斗。

一、国际传播面临复杂严峻的形势

当今世界正在经历百年未有之大变局，国家之间的力量对比正处于深刻调整变化当中，这也推动了世界格局的调整。新兴市场和发展中经济体发展速度较发达经济体更快，总体呈现为新兴大国相对上升、与西方大国差距逐步缩小的态势。新兴市场国家和发展中国家群体性快速崛起是历史必然，已成为维护世界和平、促进共同发展的重要力量。中国也是其中之一，从一穷二白，到百废待兴，再到进入和全面建成小康社会，直奔现代化，取得举世瞩目的发展成就。发达经济体仍在全球经济中居于重要地位，在军事、科技、货币金融等领域仍具有相对优势，利用在主要国际组织中的主导地位，对新兴大国的进一步发展形成制压。例如，国际货币基金组织的再融资、配额改革和投票权改革一再拖延和无限期的谈判；WTO 多哈回合谈判止步不前；旨在达成新京都议定书的气候变化谈判陷入僵局。对中国的制压更是具体到对华为公司、抖音国际版 Tiktok、微信国际版（WeChat）等本应获得自由市场地位的企业实体的政治攻讦上去。

西方大国与新兴市场国家和发展中国家群体的竞争必然会不断加剧，发言权和话语权的竞争会变得比过去更加激烈。

面对地缘冲突、疫情延宕、气候变化等多重挑战，一些国家积极适应世界之变、时代之变、历史之变，扩大视域，谋求新的发展出路。广大新兴市场国家和发展中国家团结合作、共谋发展，建立起互敬互谅的新型国际关系，地区合作机制涌现。在西方主导的国际传播格局中，出现了半岛电视台、今日俄罗斯、拉美南方电视台非西方国家媒体的崛起以及相应的影响力提升，这成为打破传统国际媒体话语格局的有益尝试。中国走出了不同于西方的和平发展道路，中国特色社会主义拓展了发展中国家走向现代化的途径，为世界各国发展打开了新的思路。越来越多国家对中国发展道路产生了浓厚的兴趣。“读懂中国”国际会议等解读中国道路和中国思考的国际活动都得到国际政要、商界领袖等精英人士的积极参与，但是影响的圈层还较小，理论阐释也较多停留在抽象、宏观的层面，对更大范围民众的理解说服力有限，需要更多层次的阐释和论证，以更大范围地增进国际理解。

国际传播是一项直击心灵的工作。面对新时代的国际关系，中国提出了构建人类命运共同体的主张，着眼于在各国培育知华友华的力量，使友好工作“沁入心田”“入脑入心”。习近平总书记在阐述人类命运共同体时强调：“我们不‘输入’外国模式，也不‘输出’中国模式，不会要求别国‘复制’中国的做法。”面对世界承诺“中国永不称霸、永不扩张、永不谋求势力范围。历史已经并将继续证明这一点”。构建人类命运共同体符合《联合国宪章》的宗旨和原则，在我国的外交努力下，“人类命运共同体”连同“一带一路”“共商、共建、共享”等话语被多次写入联合国的决议，成为国际社会的“热词”。截至 2023 年 10 月，中国已与 150 多个国家、30 多个国际组织签署共建“一带一路”合作文件。截至 2023 年，亚洲基础设施投资银行（以下简称“亚投行”）的成员数量由开业时的 57 个增至 109 个，覆盖亚洲、欧洲、非洲、北美洲、南美洲、大洋洲六大洲，成员主体为发展中国家，同时也吸收了包括英国、法国、德国、

加拿大等在内的发达国家。亚投行已批准了158个项目，累计投资总额超过319.7亿美元，使众多国家和民众收获发展的实惠。要继续践行构建人类命运共同体的主张，就要求国际传播广交朋友、团结和争取大多数，不断扩大知华友华的国际舆论朋友圈，为世界稳定发展营造有利的舆论环境。

二、国际传播能力建设的重要意义

中华民族伟大复兴的战略全局明确了国际传播能力建设的总基调。国际传播能力的建设是国家综合实力发展壮大的必然需求。一百年来，中国共产党团结带领中国人民进行不懈的奋斗、牺牲和创造，努力解决“挨打”“挨饿”“挨骂”的问题。中国共产党带领全国各族人民翻身得解放，改变国家一穷二白的面貌，使得国家和人民站稳脚跟，解决了“挨打”的问题。改革开放以来，中国共产党带领全国人民摸着石头过河，实施改革开放基本国策，谋求全国人民富起来，如期全面建成小康社会，解决了“挨饿”的问题。经过几代人的接续努力，实现中华民族伟大复兴终于进入了不可逆转的历史进程，加深国际社会对中国道路的认识至关重要。在中国特色社会主义进入新时代的今天，中国已成为全球第二大经济体，强大起来的中国到了有效解决“挨骂”问题的非常时期，国际传播能力建设也面临着新的更高要求。传播力决定影响力，话语权决定主动权，要在更广范围内团结发展伙伴，为国家发展创造更好的外部环境，必须加强国际传播能力建设，主动把我们的想法说清楚，让正确的声音先入为主，盖过种种负面舆论和奇谈怪论，更好地传播中国声音、塑造国家形象、维护国家利益，促进国际社会树立正确的“中共观”和“中国观”。多用外国民众听得到、听得懂、听得进的途径和方式，积极传播中华文化，阐发中国精神，展现中国风貌，让世界对中国多一分理解、多一分支持。①

① 中共中央宣传部：《习近平总书记系列重要讲话读本（2016年版）》，学习出版社、人民出版社2016年版。

讲好中国故事，是一项长期的战略工程，需要树立强烈的文化自信。习近平总书记曾强调："我们有本事做好中国的事情，还没有本事讲好中国的故事？我们应该有这个信心！"[①]国际传播能力建设要坚持文化自信的战略定力，立足中国语境，坚守中华文化立场，传承中华文化精髓。中国式现代化是马克思主义基本原理同中国具体实际、同中国优秀传统文化相结合而诞生的发展道路，中国式现代化赋予中华文明以现代力量，中华文明赋予中国式现代化以深厚底蕴。我们坚持和发展中国特色社会主义，推动物质文明、政治文明、精神文明、社会文明、生态文明协调发展，创造了中国式现代化新道路，创造了人类文明新形态。从中华民族的辉煌历史和当代国家发展的伟大成就中，广大中国人民得以源源不断地汲取精神力量，增强讲好中国故事的精神底色和主人翁底气；国际传播得以源源不断地书写出中国特色社会主义的故事、中国梦的故事、中国人的故事、中华优秀文化的故事、中国和平发展的故事，传递中华民族生生不息、与时俱进的韧性和不惧新挑战、勇于接受新事物的无畏品格。国际传播要注重把握好基调，既开放自信，也谦逊谦和。中国式现代化为人类实现现代化提供了新的选择，中国共产党和中国人民为解决人类面临的共同问题提供更多更好的中国智慧、中国方案、中国力量。中国城市处于国家发展的第一线，国际传播要发出科学、客观、理性的声音，切实从历史的传承、现实的发展与未来的规划脉络来呈现在党的领导下取得的一系列进展和方向，从城市发展的真实脉络凝练中华民族伟大复兴的故事，以开放务实的态度与世界各地文化广泛对话、平等交流，向国际社会展示新时代中国为增进世界人民相互了解和信任、推动不同文明交流互鉴、构建人类命运共同体所做出的不懈努力。

---

① 中共中央宣传部：《习近平总书记系列重要讲话读本（2016 年版）》，学习出版社、人民出版社 2016 年版。

三、传播要素发展趋势对加强能力建设提出新要求

传播主体、传播内容、传播媒介、传播对象、传播效果，是传播过程的构成要素。信息技术的迅速迭代对这些要素的发展产生了深刻的影响，全面重塑着传播规律，呈现颠覆式的新现象。互联网成为人们交往的主要媒介，也成为国际传播的主阵地之一，西方大型传媒集团不再拥有传播的绝对优势，传播集团的互联网新贵不断涌现，传统传播格局正在经受巨大冲击，这使新时代中国国际传播能力的大发展迎来前所未有的机遇。

一是传播主体去中心化，媒介生态悄然变革。随着移动互联网技术的突破革新，大量主体（包括小微企业和个人）涌入传播链条当中，成为传播者，使得传播主体的数量呈指数级增加，围绕每个人都能通过其社交圈或多或少产生传播圈层，使大众传播时代由少数主流媒体作为传播中心和信息“守门人”的角色大幅弱化。20 世纪 80 年代电视网只有 4 家，现在有几百家；20 世纪 80 年代早期广播电台只有 9000 家，现在约有 14000 家；1998 年全球网站还只有 300 万个，现在约有 2. 55 亿个。大众媒介通过大众传播渠道发送的信息也变得更专业化，因为传统和新媒体将其内容定位于限定的小受众群，部分是为了迎合广告商的要求，部分是因为更经济有效。结果，任何一种媒介载体想要获得大量的受众成员都变得更难。①

导致这一现象有两方面原因。从传播者的参与意愿来看，根据马斯洛需求层次理论，全世界保持了数十年的总体稳定和和平发展，大多数人的生理、安全乃至情感需求基本得到满足，对生活的追求将会上升到社会价值和自我实现的层面上。通过发布自身的观点主张，寻求更多人的关注或认同，是完成自我实现的重要途径，因而越来越多人自发加入传播者的行

---

① ［美］约瑟夫 · R. 多米尼克：《大众传播动力学——转型中的媒介》（第 12 版），黄金、蔡骐译，中国人民大学出版社 2015 年版。

列，甚至成长为具有一定号召力的意见领袖。新媒体账号、意见领袖和普通民众创作的传播作品语态更加多样性、互动性更强，对读者形成更大的吸引力，打开新的市场空间。从传播技术的实现程度来看，随着互联网尤其是移动互联网普及率的不断提高，信息的上网速度持续倍增，尤其是网络信息流平台（如海外的 Twitter、Instagram、Tiktok，国内的“今日头条”等）的发展，人们可以突破地理和时间的限制，实现文字、图片、视频等多媒体信息的快速分享。网络信息流平台自身不生产信息，而是对用户上传的信息内容加以聚合与分发，为“去中心化”的传播系统提供操作和交互界面，原则上任何个体的记录都能第一时间被“去中心”平台采纳并分发。传统新闻媒体不论在信息的发布效率还是匹配程度上都远远不及信息流平台下海量节点的共同支持，因此新媒体、自媒体生产的大量信息对舆论走向产生了越来越重要的影响。尤其是一些新锐短视频平台凭借其丰富的传播手段、超强的社会互动、广泛的全民共享等特点迅速占领了传播市场。利用好传播主体的去中心化属性，通过个体关系的跨国链接自下而上打破国际传播西方大型媒体集团对全球信息分发的控制，实现“地球村”式的广泛传播，能在更为广阔的地域为国际传播打开新天地。

二是传播媒介垂直化，智能传播环境日趋复杂。海量信息供给使传播受众的选择成为新的传播竞争点，可供人们选择的信息越来越多元化与个性化。传播受众对信息传播提出了加速对称的新需求，人们只关心自己感兴趣或即时需要的话题，尤其是与自己社交圈或个人发展关联紧密的资讯，通过社交圈形成鲜明的垂直化特征。这使信息获取的实时性和准确性显得尤为重要，而算法、大数据、人工智能等技术无形中助推了这种趋势的强化。为了增强用户黏性，信息流平台通过更多不同定位的先进产品、服务或理念，开发检索、订阅及智能推荐等系统落实用户对信息垂直度的需求，国际传播主体要更加准确地对传播目的、用户群、内容主题进行定位，匹配适合的信息流平台，做精做深内容精品，并及时更新、完善，同时建立大量的搜索引擎、以增加浏览量、扩大影响面。

三是传播内容偏好视听化、碎片化，传播话语方式面临变革。人们的

阅读和观看习惯正在为信息科技所深刻改变。视听产品因其丰富的感官刺激而备受受众青睐。互联网视听产品表现手段丰富多彩，内容种类繁多，并且具有较强的互动性、趣味性与亲和力，越来越成为国际传播的主要形式。尤其是4G、5G网络的普及和移动终端技术的迭代，任意一台手机App都能随手拍摄图片、音频和视频上传，使对事件的描述更加真实生动，具有更强的可观看性。另一方面，受众的注意力分散化、碎片化。视听资源多媒体形式能够以浅阅读的方式为受众在移动化、碎片化的场景下提供更高效的阅读、观看体验，传播不受时空限制、受众可随时进入、使观众在最短的时间内，花费最少的精力，获得最关注的信息，或者达到减轻压力、放松心情的效果。全球知名统计网站 Statista 公布数据显示，2024年4月月活跃用户数前十大海外社交媒体平台包括 Facebook、YouTube、Instagram、WhatsApp、Tiktok、WeChat、Facebook Messenger、Telegram、Snapchat、Douyin，其中4个为即时通信类、1个为文段分享类，其他全部是图片、视频分享类平台。尤其是 Instagram、Tiktok 等图片、短视频平台近五年用户数激增。面对这样的竞争态势，不仅传统纸媒受到挑战，Facebook 等图文类头部社交媒体平台也在谋求视听化转型。

第四节　新要求下城市国际传播能力建设构成

讲好中国故事、传播好中国声音，必须坚持创新为要，大力推进宣传思想工作理念创新、内容创新、手段创新，从国家叙事到地方声量，都可以成为国际传播创新的着眼点。城市作为人们的主要聚居区，具有特色鲜明的城市形象、丰富集中的文化资源、对外交流的人力资源，在承接国家国际传播任务中具有综合性的优势，成为讲好中国故事的重要枢纽。国际传播体系由传播主体、传播内容、传播渠道、传播对象等要素共同塑造，各个要素之间相互关联，同频共振。城市要在深入思考中国式现代化的科

学内涵和传播要求的基础上，遵循传播发展规律，系统、全面地考虑不同传播要素的功能布局，从主体融合力、内容感召力、渠道影响力和受众亲和力入手全面加强国际传播能力建设，综合运用大众传播、群体传播、人际传播等多种方式展示中华文化魅力，形成国际传播体系的全方位支撑。

一、主体融合力：汇聚传播人才，扩充智力队伍

习近平总书记指出，要创新体制机制，把我们的制度优势、组织优势、人力优势转化为传播优势。讲好新时代的中国故事需要大量会讲故事的人才，推动学术话语、大众话语、国际话语齐头并进地发展，打好这些话语的“组合拳”，打好国际传播的人民战争。国际传播的“去中心化”趋势打破了少数西方媒体的传播霸权，使我们与国际受众的距离更近，联系更便捷，我国的国际传播工作迎来新的机遇。从信息的传递上看，每个人都已成为国家形象的基本元素、中华文化的具象代表、当代中国价值观念的承载个体，一言一行都是在输出中华文化和传播当代中国价值观念，在对外交往活动中无形中塑造着国家形象。因此，文化交流、文化传播成为每个中国人不可推卸的时代责任。中国城市作为经济发展的主要承载地、人民生活的主要聚居区和国际交往的主通道，虽然在国际媒体联系上较弱，但却汇聚了各行各业、各级各类的涉外交往人群，是很多新的国际话语人才的宝库，处于调动融合各类主体的传播力量的有利位置。

国际传播的主体建设要超越传统认知的范畴，用好社会各领域对外交往活跃的优势，着眼于更大范围调动社会力量参与国际文化交流传播，将个体叙事与集体叙事结合起来，由政府和媒体联动转变为由政府、媒体、组织、个人等融合组成的多元主体组合，形成“一个声音、多个声部”的多元主体“大合唱”的理想状态。

首先，发挥党委和政府的顶层设计作用。党委政府担纲承上启下的角色，准确把握总体外交和国家形象传播战略方略，制定地方传播规划，明确中长期城市国际传播的重点内容。搭建交流对接平台，统筹引导传播内

容供给主体（即在城市各类活动主办方）与国际传播主体（企业、民间组织和社团、主流媒体、自媒体）之间加强对接合作，实现优势互补和传播合力。在做好统筹工作的同时，党委和政府也是加强执政能力传播的主体，突出中国共产党依法执政、科学执政的先进叙事。[①]

其次，汇聚企业和社会组织发挥中坚作用。引导跨国企业、非政府组织、高校、智库等单位积极主动地传播中国国家形象。这些人才立足于地方、活跃在基层，学术话语比较中性，用于与世界各国的知识精英、政治精英进行沟通，有利于从源头上解构西方话语，建构中国话语。中国企业在互联网传播领域也正朝着有利的方向发展。以 Tiktok 为代表，由中国企业运营的短视频平台进入国际市场头部。早在 2021 年，中国游戏在海外的市场份额已经位居全球第一。这些国际话语主体和人才都能成为新时代国际传播的利器。有学者统计，目前在高等院校、社会科学院系统、党校与行政学院系统、部委研究机构及社科联与一些民间研究机构的哲学社会工作者总计约 100 万人。[②] 他们都是国际传播的生力军。外语基础更好的青年群体加入哲学社会工作者队伍，越来越多地参与到国际学术交流中去。城市要将这些人群充分撬动起来、投入到对外讲述故事的事业中去。

最后，调动大众的个体作用，树立人人都是故事讲述者、传播者的观念。大众话语的主力军分布在对外联系较为紧密领域当中，如外贸、教育、华侨华人，等等。据商务部 2022 年新闻发布会披露，外贸已带动我国 1.8 亿人就业。据中研普华产业研究院测算，2020 年跨境电商从业人员数量达 468 万人。跨境电商由于业务需要在海外社交媒体平台开设账户，拥有稳定的海外受众群体。我国拥有庞大的留学生群体，从 1978 年到 2019 年，各类出国留学人员累计超过 650 万人，回国留学人员累计达 420 余万人。2020 年留学生学成回国 77.7 万人，2021 年回国就业学生

---

① 周庆安、刘勇亮：《多元主体和创新策略：中国式现代化语境下的国际传播叙事体系构建》，载《新闻与写作》2022 年第 12 期。

② 王文：《中央再谈国际传播，但学者为何习惯国际“沉默”》，见观察者网（https：//baijiahao. baidu. com/s?id = 1701874231430511529&wfr = spider&for = pc）。

104.9万人。留学生群体深入外国文化生活，拥有稳定的外国社交朋友圈。

虽然人人都能成为信息时代的传播主体，但是唯有同时拥有广阔的国际传播视野和面向未来的创新能力的传播人才队伍，才能在新时代国际传播竞争当中打开一片新的天地。国际传播主体的素质还需要科学的评价和培养。在客观上，城市需要遴选和培养具备复合型传播能力的主体，使他们熟练掌握智能传播技术，具备外语、新闻传播、文化、国际关系、心理学等多学科能力，能够独立灵活地开展传播活动。在主观上，传播主体要具备主人翁意识，包括具有对中华文化，尤其是对中国特色社会主义先进文化的正确认识，同时具有“把关人”的自觉性，让传播技术始终处于一种向上、向善的逻辑主导之下，推动传播内容生产、传播和价值评价良性发展。在网络上，传播主体要能够将线上线下传播相统合，在线上构建以兴趣为纽带的智媒的空间关系，在线下形成在地的以情感为纽带的社会关系。城市还应站在全民媒介参与的大背景下进行大规模的国际传播人才培养实践，将传播人才布局到更多的内容垂直主题中去，扩大传播的潜在影响力。

二、内容感召力：地方生动实践，支撑国家话语

中华民族追求复兴的道路本身就是一篇极具感染力的家国奋斗史诗。诚如习近平总书记所指出，中国特色社会主义不是从天上掉下来的，是党和人民历经千辛万苦、付出各种代价取得的宝贵成果。中国式现代化作为一个庞大的发展系统，在持续的实践中经历历史的检验。中国特色社会主义制度体系在党的领导下不断完善，取得了一系列历史性的成就，也面临着不断涌现的新问题和新压力。中国的发展主要依靠全国人民的力量，紧紧围绕实现中华民族伟大复兴的中国梦，通过全面建设社会主义现代化国家两个阶段的战略安排，按照“五位一体”总体布局、“四个全面”战略布局、贯彻新发展理念推进国家改革发展，把社会主义制度与市场经济有

机结合起来，不断解放和发展生产力，最终形成了依靠自身的内涵式发展、积极融入全球化和与其他国家合作共赢为基本特征的发展模式。

立足新时代，加强国际传播能力建设，要“讲好中国故事”，坚持国家和民族站位、树立全球视野，在明晰自我认知的基础上进行全面、客观、立体的自我描述和自我表达，各个方面、各个领域的“中国故事”文本，突出中国式现代化的特征议题，展现地方蓬勃发展和人民幸福生活的真实图景，升华中国理论，更加充分、更加鲜明地展现中国故事及其背后的思想力量和精神力量。中国城市发展进步实践成绩，尤其是在经济发展、扶贫济困、社会安全、协商民主等方面有别于西方的发展成绩，正是印证中国道路、中国制度、中国文化优越性的一手素材。因此，城市要做好国际传播的内容感召力建设，找准地方实践与国家战略的契合点，在议题设置上围绕阐释中国道路理念和政策主张设置议题，持续输出地方实践案例，反映中国共产党治国理政、中国人民奋斗圆梦、中国坚持和平发展合作共赢、构建人类命运共同体等核心内容，大大方方地讲成绩，从容不迫地谈问题，始终坚持平等交流，以理服人、以诚相待，传播共同价值，才能使国际社会认识真实生动、活力满满的中国，相信中国的成就源于先进思想的指引、坚强有力的执政党和勤劳勇敢的人民群众。

好的故事首先都有一个大大的“人”字。我们必须要让中国故事带有人的温度、人的智慧、人的光芒，以鲜活的人民个体，带入中国元素，柔性输出中华文化。一是要提高内容垂直度的把控能力。基于受众兴趣主题对受众群体进行一定划分，解构各类主题热门内容的叙事手法、运用元素、表达思想等，掌握“爆流”密码。二是建构精准的内容生产策略，即针对什么问题、在什么时机、如何进行此项内容的传播，将与其他内容传播产生何种协同效应等。要掌握根据服务目标的变化而灵活匹配最佳的故事内容呈现方式的能力。采用故事化叙事、细节化表达，提高信息传播效果的重要方式，也是不同国家和地区之间沟通情感、凝聚共识的主要载体。根据故事内容，可以突出客观性和对话性。直面问题，回应不足，持续地说，实事求是地说。将故事嵌入具体的历史语境中，讲解改革的措施

和实际的变化，更全面地、引人入胜地展现中国社会跌宕起伏的发展过程。让受众摆脱简单刻板的解读方式，明晰历史事实与现实格局的复杂联系，更准确、完整、立体地认识中国式现代化。也可以增强感染性和温暖感。策略性地使用一些经典的故事情节，像白手起家、不懈追寻和涅槃重生等，设置悬念、冲突、矛盾，让人代入其中，引发情感共鸣，柔软化、感染性的输出与传播当代中国价值观念。还可以连接传统性和现代性。利用微纪录片、短视频、vlog（视频记录）、游戏、沉浸视频、互动视频等呈现手段优化讲述形式，使国际传播内容的场景化、沉浸式、具身性呈现，向社交化、可视化和互动化方向发展，增强与国际受众的心理契合度发展智能呈现技术，从而使故事表达更加精准明确。互联网传播还有一大特点即不拘泥于原创。传播主体可以通过内容素材的重新编排和剪辑，加入自身的理解和观点，进行多次再传播。在这之中，就要注意在内容创意和表达上提炼好、设计好价值点、切入点、共鸣点、共振点，达到打动受众、激发共鸣的效果。

三、渠道影响力：升级传播技术，加持媒介支撑

媒体是信息传播的渠道，是信息符号传播的载体。媒体在“讲故事”方面有着与生俱来的优势。构建大国话语权，讲好中国故事，是当今媒体国际传播的目标和任务。从城市层面来看，虽然除了北京聚集的中央媒体国际舆论影响力较强外，其他城市自有的地方媒体在国际传播格局中大多处于劣势。城市做强国际传播的渠道影响力，要跳出媒体新闻播报业务的局限，以之为主体探索传播技术的迭代升级，在传播的新赛道中争取主动。

国际传播的新趋势在很大程度上是在高科技的应用中催生的，加强国际传播能力建设首先要打好技术能力的基础。一篇看似简单的图文报道、短视频等内容产品，其实应用到了网络新闻采编、视听新媒体创作、视频画面编辑、网页设计与制作、三维动画仿真、数字交互设计、网页设计、

数据挖掘分析与可视化、新媒体运营等多重技术，组建一定的技术平台支撑可以使内容生产和传播工作起到事半功倍的效果。更进一步地，随着人工智能技术的进步，国际传播也进入智能传播时代。一些技术更新较为积极的媒体已经配备有写稿机器人、智能翻译机、“媒体大脑”等智能化采编平台设备，大大提高了工作效率。由鹏城实验室推出的鹏城多语言翻译平台——“丝路”，正在通过预训练大模型迁移学习以及精准可靠的数据构建，提供面向不同应用场景的翻译服务，为国际传播扫平语言障碍。元宇宙时代的开启，更使虚拟主播成为新的热门媒体形象。国际传播内容生产也不断精准化与智能化。传播技术的升级使信息供给端得以再创作、再传播，从需求端能够将受众细分群体，很大程度上实现对信息投放的掌控。大数据、人工智能算法的大量运用，根据受众的网络浏览痕迹，推送大量同类型的内容。受众的消费习惯、立场倾向，在不知不觉中被网络平台的运营者掌握，陷入固化的信息流和思维方式中去。在这种舆论传播过程中，受众的思维实际上已经被经常浏览的、每天接收的信息、评论所潜移默化地主导了。这些技术已经被大量地应用到世界各地的媒体平台中去，使舆论出现被撕裂的现象。世界范围内一旦发生什么事情，人们会不自觉地被撕裂成不同的群体，而且观点不同的各方争辩得还很激烈，有时甚至会产生一些极端化倾向。在这样的信息传播博弈中，扩大真实客观信息的供给量尤为重要，并且需要深化、细化到更多的内容垂直领域下去。

科技对传播的赋能，是城市做强渠道影响力的关键，也是城市媒体树立竞争特质的重要出路。互联网、电信和新兴媒体方面的公司已经形成了显著的技术优势、平台优势和媒介生态优势。根据英国欧文公司（Omdia）2021 年研究预测，全球网络视频业务订户规模到 2025 年预计增至 16 亿，而传统付费电视业务订户规模基本保持在 10 亿左右。在媒体融合语境下，城市媒体要遵循新闻传播规律和新兴媒体发展规律，强化互联网思维，推动传统媒体和新兴媒体融合发展，构建立体综合传播渠道矩阵。坚持先进技术为支撑、内容建设为根本，建设国际化的传播内容平台，以视听结合为特征构建多模态传播模式，多样化呈现传播中国故事。借力大

型中央媒体，加强与外国友好的主流媒体、互联网企业、新兴社交媒体、电信运营商合作，构建新闻的电视频道、广播、报纸、网站、社交媒体等互为支撑、多轮驱动的融媒体矩阵，推动传统媒介和新兴媒介在内容、渠道、平台、经营、管理等方面的深度融合，着力打造一批形态多样、手段先进、具有竞争力的新型主流媒体，培育建设拥有强大实力和传播力、公信力、影响力的新型媒体集团，形成立体多样、融合发展的现代传播体系。

四、受众亲和力：凝练情感联结，塑造城市魅力

宣传思想工作是做人的工作，要区分对象，精准施策。具体到国际传播能力建设上就是要从受众的角度出发，根据不同的受众群，采取不同的宣传方式，精心构建对外话语体系，创新对外话语表达，增强国际传播亲和力。党的十八大以来，习近平总书记多次在不同场合就推进国际传播能力建设做出了一系列重要的理论阐释和工作部署，要求拓展对外传播平台和载体，用海外读者乐于接受的方式、易于理解的语言，讲述好中国故事，传播好中国声音。[①] 中国话语体系能否更好地与世界沟通交流，关键要看我们的话语是否贴近受众的思维和语言习惯，他们是否愿意听，听得懂。好的故事创造言说者与倾听者之间情感共振、思想同频、观念一致的合意空间，恰当地输出核心价值。只有拥有这样的合意空间，更多的对话才能成为可能，更多的共识才有希望达成。这就需要熟悉中外话语体系中的不同表达方式，研究国外不同受众的习惯和特点，了解东西方思维与交流模式的不同特点，着眼于我们想讲的和国外受众听得明白的，掌握对象国与我国不同类型的伙伴关系、对我国的信息需求、知识渴望、文化联结等可能进行沟通与互动的领域，民众社会群体的阶层细分等基础上，以最大公约数为立足点，策划好故事精准化走进对象国民众的心坎。国际传播

① 《习近平论新闻舆论工作》，见《人民日报》（海外版）2018 年 8 月 22 日。

不能一蹴而就，而要久久为功、春风化雨，想方设法完善人文交流机制，创新人文交流方式，以理服人，以文服人，以德服人，才能产生沁人心田的效果。

城市在“春风化雨”的传播中更具丰富性和灵活性，只要把握好宣传基调，采用融通中外的话语表达与叙事策略、依托本地传统精粹打造优质文化内容，把我们想讲的和国外受众想听的结合起来，开展“你来我往”的故事交流，使受众真切产生两国关系发展惠及人民的感受，才能更多地为国际社会和海外受众所认同。当前国际形势的不稳定性与不确定性日益突出，人类面临的全球性挑战更加严峻，国际社会不断寻求新的发展出路。中国秉持人类命运共同体理念，发展开放型世界经济，在开放中分享机会、互利共赢，推进经济全球化均衡发展，就要在对外交往和传播中就中国道路、“一带一路”倡议等加强交流，增进知识共享和情感共鸣。21 世纪以来，中央政府支持越来越多地方举办重要国际论坛、国际性赛事等活动，调用地方民间交往特色和情感联结参与更深层次的国际传播，取得了较好效果。例如，银川凭借与阿拉伯地区的文化渊源，承办了中阿博览会，进一步加深了地区的友谊；南宁与东盟地区接壤，经贸往来密切，以承接东盟博览会为抓手，有效扩大与东盟国家的全方位合作和文化教育交流，实现合作共赢和相互成就；珠海紧邻澳门，在葡语系国家交往的优势推动下承办了中拉博览会、建设了中拉经贸合作园，开拓了与拉美及加勒比海地区城市的友好关系，使珠海逐渐成为拉美地区认识中国、理解中国的窗口和代表。

对城市特色资源的调用，要在海外受众的注意力上争夺一席之地。随着人们的工作越来越忙碌，更多人倾向于通过短短十几秒至几分钟的阅读或观影去获取知识信息及消遣娱乐。尤其是数字时代的图文、视频等传播形式突破了既有线性媒体传播的单向性，实现传播内容全要素动态呈现、多语态融合散布和全域性整合传播，已被广泛应用在各类主体形象的推广当中。2018 年《短视频与城市形象研究白皮书》指出城市形象运用短视频传播，实现官方和民间共同参与，形式上也更为亲切、多元、丰富，明

显增强了传播的力度，是城市特色资源呈现的重要发展方向。国际话语意味着要以外部世界能够听得懂的话语与外部世界进行沟通。城市对外交往各个层次各个领域的人才都要发动起来，广交朋友，深交朋友，交好朋友，不断发现和积累国际友好人脉，截至 2023 年 4 月，中国的对外友好城市数量达 2927 对，成为世界上拥有正式友好城市数量最多的国家之一。这些外国媒体、华人华侨、外籍人士等友好伙伴的话语比较接地气，在关键时刻勇敢地站出来，理直气壮地为中国发声，有助于解决长期困扰中国话语脱离外国受众的问题，从而更易于被国际社会接受。在遭遇误读时，也要冷静地换位思考，精准分析历史文化差异、矛盾争端、刻板印象等导致误解误读的原因，重视同意、排斥和反对观点的不同群体，争取使中国故事更多为国外受众所认同。同时针对一些民主人权、民族宗教等敏感问题，要深入研究、各个突破，统筹好内宣外宣工作，对内报道要考虑国际影响，对外报道要兼顾国内受众感受。值得注意的是，国际传播精准化是一项长期性工作，国际受众对传播内容的接受具有渐进性，从接触、认识到理解有一个过程，要将国际受众反馈纳入国际传播效果评估体系，进而根据反馈不断调整国际传播策略。

广州增强国际传播能力的基础与优势

中国城市是支撑中国特色战略传播体系构建的综合体。中国城市不仅要在多主体、立体式大外宣格局中担当起主体责任，也是国际交流与传播的微观主体集聚发展的重要载体，并通过城市形象的国际化塑造从全球化进程中寻求更多的发展机会、攫取更大的发展动力。习近平总书记指出，1000 多年前，广州就是海上丝绸之路的一个起点。100 多年前，就是在这里打开了近现代中国进步的大门。40 多年前，也是在这里首先蹚出来一条率先实行“灵活政策、特殊措施”的开放之路。现在广州正在积极推进粤港澳大湾区建设，继续在高质量发展方面发挥“领头羊”和“火车头”作用。站在历史与未来的交汇点上，梳理广州故事的历史基础、现实优势和未来定位，才能准确把握广州城市形象建构与传播的历史方位和职责使命。

第一节　城市故事在中国故事中的角色

中国故事以中国式现代化为核心，从理论到实践组成了宏大的叙事体系，城市是延展故事纵深的重要场域。城市制定出符合本区域文化传统及发展现状的实践路径，能够作为理论的具体案例基础发挥重要作用，城市发展和人民生活当中的点滴及真实细腻、生动感人的好故事还可以给人留下深刻印象。城市讲好中国故事，首要任务是丰富集中的文化资源和对外交流人力资源优势，提炼自身特色鲜明的城市形象、做好传播内容的建构。中国城市众多，因其经济文化积淀和辐射影响范围的不同，在传播中国故事中支撑能力也千差万别。尤其是中心城市以其对全球资源配置的强大枢纽能力和对国家战略的综合承载能力而被赋予了代表中国、传递中国声音的更大职责。

一、置身具体场域，论证故事命题

在新时代要讲好中国故事，向世界传达开放包容、平易近人、负责任的大国形象。中国式现代化的理念蕴含着大量科学的抽象概念，如人的现代化、人与自然和谐共生的现代化、构建人类命运共同体的目标等，它们与现实生活存在着相当的距离。世界正处于大发展大变革大调整时期，文化障碍和信息超载使讲好中国故事面临着巨大挑战，城市传播实践要更加自觉地置于国家战略大局中考量。因历史文化传统及发展环境的差异，各个地区所面临的对外传播问题也不尽相同，国家层面的解决方案难以完全适用于其他地区。而各地在贯彻落实中央精神时，往往能够因地制宜，根据自身的优势及现实能力，制定出符合本区域文化传统及发展现状的实践路径。这些实践成果都是中国式现代化成功的真实写照，也为全球其他地区发展提供了多种解决问题的思路和发展途径。“如果我们无法充分认识到城市之于中国、城市之于国家所具有的意义，那我们就无法真正说明当今中国社会变动的逻辑。”[①] 城市实践作为中国式现代化的论据来源之一，能够作为理论的具体案例基础发挥重要作用。随着中国城市对外开放的纵深发展，城市实践在国家的对外传播方面具有日益重要的作用与影响。例如，北京就提出对外传播着眼于北京发展新阶段、新方位、新要求，始终坚持正确的政治方向和舆论导向，以大国首都大外宣、全面立体大样子为定位和目标，以主动服务国家外交外宣战略，突出北京功能定位为主线，多主体、多平台、多渠道、多载体，讲好具有北京特色的中国故事。[②] 在国家组织重大活动、重大主题理论宣传时，以城市实践案例参与论证，在交往过程中强化城市信息、城市文化的对外传递与分享，有策略地开展人文交流、人际沟通，能够更有力地支撑塑造中国的大国形象。每年国家文化和旅游部举办全球“欢乐春节”活动都广泛发动各个省份、城市的文艺精英参与，与关系密切的外国地区对接，做好点对点的交流传播。以这些集中的城市特色实践分享持续论证中国式现代化重大命题的现实意义。

《漫长的革命》一书也提道，“人类共同体的发展是通过发现共同意义而实现的……传播就是使独特经验变成共同经验的过程”[③]。国家叙事体系需要统合大量微观主体的故事建构。讲好中国故事，不仅要从大处着眼，讲好中国共产党治国理政的故事、中国坚持和平发展的故事，表达共享开放发展成果的真诚意愿，也要从小处入手，讲好中国人民勤劳智慧的故事、中国各界与世界各地友好交往的故事，使跨文化的传统友谊在新时代发扬光大。美国学者马丁等认为，国家形象是“关于某一具体国家的

---

① 陈映芳：《城市中国的逻辑》，生活·读书·新知三联书店2012年版。

② 徐和建：《构建中国话语体系和叙事体系的北京思考》，载《对外传播》2021年第11期。

③ ［英］雷蒙德·威廉斯：《漫长的革命》，倪伟译，上海人民出版社2013年版，第47－48页。

描述性、推断性、信息性的信念的总和”①。巴洛古等人则认为，国家形象是“对某一国家认知和感受的评估总和，是一个人基于这个国家所有变量因素而形成的总体印象”②。政党、人大、政府、企业、行业协会、群团组织、媒体、民众等各种行为体都是对外交往中引起海外受众产生国家联想的变量因素、形成国家形象认知。而城市则是承载这些变量因素的集合场，对外交往活动实质上是“讲好中国故事”的具体实施和展现。例如中国企业出口的产品与服务、企业品牌和文化、中小学校之间的文化交流、少年儿童之间的越洋通信、名人网红的分享的城市景观打卡和饮食游乐等日常等，都是在表达个体在城市中的微观感知和叙事，将个体的独特经验转化为群体的共同经验，强化对城市乃至国家魅力的印象。在这一过程中，城市作为“讲故事”微观主体的孵化器而存在。各种微观主体在城市的引导和组织下参与到国家国际传播能力的建构中，形成从微观、中观到宏观层面传播行为结构，由点到线、由线到面铺展中国故事网络，有助于实现意义从个体到群体，乃至塑造国家形象的拓展，在大外宣格局构建中具有特别的意义。

二、提供丰富素材，密织故事脉络

讲好中国故事，是提升国家文化软实力和中华文化影响力的重要内容。“好故事”是人类共同的语言。古今中外，从远古传说、宗教信仰到文学史实，它们多是以故事的形式代代传承，影响着人类的生活和习性，铸造了不同文明、民族的文化性格和思想荟萃。“好故事”除具有娱乐受众和陶冶性情的美学功能外，还具有强大的“门廊”价值，通过讲故事可以快速抓住受众注意力，激发受众关注、理解、认同、记忆和分享的

---

① Martin I M, Eroglu S, Measuring a Multi-dimensional Construct: Country Image, Journal of Business Research, Vol. 28, 1993, p. 193.

② Seyhmus B, Ken W M, A Model of Destination Image Formation, Annals of Tourism Research, Vol. 26, Issue 4, 1999, pp. 868 – 897.

欲望。

在信息超载背景下，在跨文化跨语言传播中，对外传播需要做到“动之以情”，用真实细腻、生动感人的好故事给人留下深刻印象，这正是地方讲述中国故事的内容优势所在。在习近平总书记提出“讲好中国故事”的对外传播整体要求后，各地方积极开展相关活动，涌现出一批优秀实践案例。一些地方挖掘本地普通民众的平凡生活故事，通过网络直播平台等方式传播，以小见大反映中国现实面貌和体现中华民族品格。例如重庆市品牌栏目《百姓故事》选取400多位来自重庆各行各业的小人物，如背篓检察官潘珂、璧山孝子黄勇、守山人郑隆明等进行专题报道，河北省媒体对玉狗梁村瑜伽健身扶贫故事的报道，通过图文、视频等多种形式进行传播，引发国际传播舆论效应，使故事走红海外。一些地方借助社会精英人士的成功故事体现新时代中国的正能量，例如，江西吉安推出的人物访谈节目《骄傲吉安人》选取100余位各界优秀吉安藉成功人士录制访谈。一些地方与意见领袖合作进行地方（中国）故事的讲述，借助其社会声誉与影响力达到为地方（中国）形象背书。例如北京外语广播推出的“我看北京这五年——老社长的故事”节目，从境外媒体驻京机构负责人视角展现中国发展成就，对于国外受众而言真实性、说服力更强。一些地方记录和传播民间交流活动的故事，如中国国际广播电台打造的“中外大学生对话”活动，以对话的形式搭建大学生对话平台，又如吉林省政府策划筹办的“国际友人看吉林”系列活动，通过邀请国际友人实地感受吉林风情以传播“吉林声音”。还有一些地方抓住自然界、野生动物的热点事件诠释中国生态文明建设理念，如云南对亚洲象群“北移南归”旅行的跟踪报道，在全球范围掀起人与自然和谐共生的大讨论。在全球化趋势下的世界新格局中，国家之间的竞争将会以城市的竞争为出发点，而城市竞争从原来的规模竞争演变成城市个性魅力文化软实力的竞争。

三、塑造形象体系，集中故事焦点

国家形象是多维度的构建，包括政治、经济、文化和社会的发展程度。[①] 由此学者进一步划分了国家形象塑造的八个重要维度，即国家形象标识、国情介绍、政府形象、企业形象、城市形象、历史形象、文化形象和国民素质。[②] 中国式现代化的科学内涵从政治、经济、文化、社会、生态五大维度形成了对现代化的全方位思考，对应的故事主题也需要覆盖上述诸多领域，更要彰显出中华传统优秀文化和社会主义先进文化的时代魅力。从受众兴趣来看，国外受众对中国的关注点也十分多样，涵盖各地政治、经济、社会、文化、旅游、科技、奇人异事、美图美景等方方面面。[③] 在城市这种囊括了人民生活百态的场域，才能实现如此具体、巨量的信息供给。不同地域的关注侧重也不同，北京获得关注较多的是其政治中心、国际交流活动；上海关联较多的是金融、创新、国际交通；重庆、哈尔滨、景德镇等不同的文旅特色都受国际追捧。每个中国城市都具有鲜明的优势和特征，对国家形象的投射日渐显著。一个个城市形象形成一个个"标签"，一个个"品牌"，共同展现了我国的大国风采。[④]

在新时代，中国城市更加趋向全面发展，单一要素的城市形象无法准确呈现城市形象，中国式现代化的宏大叙事也要求城市更加多面向地展现城市魅力，城市形象塑造呈体系化发展。城市形象要素从资源提炼转向实践发展。城市形象的要素通常是指城市特有资产，包括资源禀赋、地理特

---

① 崔保国、李希光：《媒介上的日本形象——1990—2000 年中国报纸的日本报道分析》，见《第 2 届中日传播国际研讨会论文集》，2000 年。

② 范红：《国家形象的多维塑造与传播策略》，载《清华大学学报（哲学社会科学版）》2013 年第 2 期。

③ 徐小丹：《新形势下做好地方国际传播工作的实践与思考》，载《对外传播》2022 年第 10 期。

④ 潇潇：《新媒体时代的国家形象与城市形象互动》，载《新闻传播》2020 年第 1 期。

征、人文风情、经济实力等。因此，城市形象是把一座城市的自然、人文、政治、经济，有形、无形等所有资源进行整合、提炼后具有高度识别功能的符号。近年来，城市形象建设不再过于强调城市所拥有的资源要素，而是更加注重城市发展过程的实践。例如，强调城市的“服务品牌”“创新品牌”等。城市形象建设从追求唯一转向追求卓越。城市形象兴起之初，政府在城市定位时强调城市特色，打造城市形象，构筑城市核心竞争力。这种核心竞争力体现在，你无我有，强调唯一性。城市形象充分体现该城市的文化、独特价值主张、各利益相关方的诉求，做好自己的“第一”和“唯一”。但是随着城市建设的全面发展，城市形象建设情况出现转向，不再强调你无我有，而是强调形象建设要追求卓越和极致。例如国内北京、上海、广州、杭州等地都提出建设国际交往中心，上海、成都等地都提出打响“服务品牌”等。城市形象功能从总结过去转向引领未来。从城市形象功能来看，城市发展需要通过总结凝练过去所拥有的资源、取得的成就等从而塑造一种品牌化形象来提升价值。因为城市从本质上来讲是一种特殊的商品。城市形象建设者通常是对城市的特色和资源进行分析，总结城市特色资源的利用现状，而后根据城市整体设计，打造符合城市整体发展的形象。这也使得城市管理者需要根据实际发展情况调整城市形象方案。在城市竞争日益激烈的格局下，城市需要制定长远的目标定位和系统性战略，是引导城市在很长一段时间内的发展方向，更加具有前瞻性。

第二节　广州的历史基础：历史悠久的“老城市”

在延绵千年的发展历史中，广州与世界的交往越来越密切，在世界历史中占据着重要的地位，国际化城市形象广为流传。从广州的历史文化中，可以认识中华文明传承经典、开放包容、兼收并蓄而获得的旺盛的生命力。

一、开放包容的岭南文化中心地

作为中国自古以来重要的世界性贸易城市，长期开放和营商塑造了广州开放包容的城市特质。广州是岭南文化的中心地，在发展中不断吸取和融会中原文化和西方文化，逐渐形成兼容并蓄的特点。岭南地区在历史上发生过三次大移民，大量来自中原地区和其他地区的移民进入岭南，对岭南的文化以及社会生活的方方面面都产生了重大影响，促进了南北文化的融合。从古到今，特别是明清及至近代，本土文化与外来文化在广州不断相互撞击、融合，广州也在不断吸取和融会中原文化和海外文化中不断壮大，逐渐形成开放性、务实性、包容性、多元性等特质，以海纳百川的城市气度接纳一切的优秀文化，不是照单全收，而是根据自身的历史和现实进行变通和创新，既保持了岭南传统文化的独特性，也形成文化多样性。

一是民俗文化独具岭南风情。广州位于中国南岭南端，相对独立的地理位置，衍生出了独具岭南风情的，与中原地区风格迥异的民俗文化资源。较有代表性的有“饮茶文化”和有趣的民俗节庆等等。“饮茶文化”实际是广州人一种传统的交际方式，在上茶楼饮茶的同时，吃点心，谈天说地，传递出广州人悠闲、重情的生活态度。以点心精致而著称的粤式茶点也成为广州美食的重要元素。广州各种老字号、老茶楼如陶陶居、南园、北园、泮溪、广州酒家、白天鹅宾馆等，均有令人一日数登而不厌的吸引力。各种岭南特色的民俗节庆更是妙趣丛生。广州迎春花市、波罗诞庙会、龙舟节、珠村乞巧节等不仅是广州的传统节庆盛事，也在不断吸引着国际瞩目。龙舟节就已经发展成为广州国际龙舟邀请赛，被誉为世界上最好的龙舟赛事之一。2017 年启动了“广府庙会全球行”活动，让中国庙会文化走出国门，展示广府非遗、广府达人、广府民间技艺等中国传统文化的魅力。

二是建筑艺术形成南国特色。广州的建筑利用南国自然资源，结合了南国气候和人民生活的特点，融合大量的中原和西洋元素，形成了一脉相承的建筑艺术文化资源，是中国建筑之林中一枝奇葩。以陈家祠为代表的西关大屋，以上下九步行街、北京路商业步行街等为代表的商业骑楼，以东山新河浦、沙面为代表的仿西洋古典式洋楼，以广州塔、广州国际金融中心、广州周大福金融中心为代表的现代建筑等，都鲜明地反映出广州建筑在传承与开放之间的热烈交融。

三是文艺精品丰富多彩。粤语、粤剧、广东音乐、广东曲艺、岭南书法、岭南画派、岭南诗歌、岭南盆景、岭南工艺等数不胜数，都具有很高的文化艺术价值。其中，广州的民间工艺三雕一彩一绣（即象牙雕、玉雕、木雕、广彩、广绣）在清代就扬名海内外；广东音乐曲调悠扬优美，节奏明快清新，旋律婉转动听，音乐清脆悦耳，内涵丰富，其中《步步高》《雨打芭蕉》《平湖秋月》《旱天雷》等名曲，已成为乐坛脍炙人口的经典曲目；岭南盆景则享有“活的中国画”美誉，由于广东的自然环境优越，可提供作盆景的树种很多，岭南盆景的盆栽艺术，已有近千年历史。进入新时代，广州的文艺工作者不断开拓创新，创作了一系列继承中华文化精髓、展现岭南文化特色的文艺精品佳作，包括粤剧《碉楼》《梅岭清风》《孙中山与宋庆龄》，音乐剧《西关小姐》《和平使者》，话剧《望》《威尼斯商人》，广东音乐《珠江之春》，人偶剧《哪吒》《木偶总动员》，杂技剧《西游记》《笑傲江湖》《升降软钢丝》，芭蕾舞剧《葛蓓莉亚》以及“许鸿飞雕塑展”等一批艺术精品。广州出品在国家级平台上屡获大奖，如《西关小姐》获得全国第十三届精神文明建设“五个一工程”奖，7 部作品获得省精神文明建设“五个一工程”奖，粤剧《碉楼》获得“中国文华奖剧目奖”，曲艺《南音新唱十三行》等 5 个群众文化作品荣获全国“群星奖”，杂技剧《西游记》获得文化和旅游部第十二届“文华奖”，《南越宫词》《中国医生》《拆弹专家 2》等影片分别获第 34 届中国电影金鸡奖最佳戏曲片、最佳故事片、最佳剪辑奖。

二、海上丝绸之路的贸易大港

广州，因海而生，因海而盛。广州是中国古代海上丝绸之路的发祥地，也是世界海上交通史上唯一的2000多年长盛不衰的大港。古称番禺的广州，在春秋战国时期就有木船出海的航行记载。秦始皇时，设桂林、象郡和南海三郡，南海郡治番禺（今广州），广州正式开始了行政区划建制，自此承担起对外通商口岸的重大使命，从未间断。作为南越国国都时，广州已是南海北岸的主要港口和舶来品集散中心。《史记》称番禺“珠玑、犀、玳瑁、果、布之凑”。魏晋南北朝时期，广州的海外贸易和交往进一步发展。《晋书》载广州“一箧之宝，可资数世”，《南齐书》载“四方珍怪，莫此为先”。

唐朝时期，广州成为中国最大的贸易中心之一和南海交通枢纽之一。从广州启航的“通海夷道”贯穿南海、印度洋、波斯湾和东非海岸的90多个国家和地区，1.4万公里的航线堪称当时的世界之最。唐朝中央政府在广州设置了专门管理海路邦交、贸易的官员——市舶使，是古代海外贸易制度建设的里程碑，一直为后代沿用。宋代时，广州已俨然当时中国第一大港。政府继续完善市舶司机构建制并向全国推广，以“广州”为名颁布了中国历史上第一部海洋贸易管理条例——《广州市舶条》（1080年），成为宋代贸易管理的制度范本。造船技术和航海技术在宋代得到改善，指南针广泛应用于航海，中国商船的远航能力大为加强，私人海上贸易在政府鼓励下得到极大发展，广州成为当时中国第一大港。

远洋航线的扩展大大促进了广州内外港码头的建设，内外码头商船如织，热闹非凡。元朝时期，同广州有贸易往来的国家达到了140多个。明代广州已开辟了四通八达的海运航线，传统的南海商道演变成连接全球的海洋贸易网络，实现了广州与世界的海上运输“外循环”以及与内地运输的“内循环”。当时每年分别于1月和6月举办两次集市贸易——“定期市”，外国船只满载各国特产进港，在划定的市舶区交易，与如今的广

交会有异曲同工之妙。清朝实行严格的闭关锁国政策，只允许外商在广州一处通商，所有进出口贸易必须经过广州十三行行商，进一步巩固了广州贸易大港的地位。十三行的商行数量多达几十家，英、法、丹麦、瑞典、荷兰、巴西、俄罗斯、葡萄牙、西班牙等世界主要国家和十三行均有贸易往来。每年都有络绎不绝的船只满载异国精美的工艺品与十三行交易，再满载中国的丝绸、瓷器、茶叶等物品回国。广州十三行作为对外贸易的经济中心，也是海上丝绸之路上一个极其重要的中外商品交易集结地，掀起了欧洲的中国热潮。

“波罗诞”是珠三角地区最古老、最盛大、最具影响力的民间庙会，传承和弘扬海丝文化是“波罗诞”文化节一直以来的主题。每年的“大型仿古祭海仪式”是广州民俗文化节暨黄埔“波罗诞”千年庙会的压轴大作，它既重现了海丝文化的辉煌，也是对今日广州延续海丝遗情，打造国际新城的一种祝福和寄望。此外，广州大力支持从化荔枝文化旅游节、增城何仙姑文化旅游节、南沙妈祖诞文化旅游节、黄埔萝岗香雪文化旅游节等文化旅游节庆活动的品牌建设，不断提高国际化水平。

海上丝路的兴起和发展，造就了岭南地区悠久的经商传统和频繁的对外交流，以开拓创新、平等互利、文明包容、和平发展为内核的海上丝绸之路文化，促进了以广州文化为中心的岭南文化开放性、兼容性、重商性和反传统性等特质的形成。在此影响下，广州的经济、文化和社会发展都贯穿着开放的人文意识，反映着兼容、改革和创新的观念，形成了开放包容、兼容并蓄的城市格局。海上丝路带来的开放风气和进取精神，不仅让广州以“商都”的姿态繁荣千余年，更在改革开放时期领全国之先，扮演着对外开放窗口的重要角色。海上丝绸之路的重新启动为广州带来了开放发展的又一次历史机遇，继承了海上丝路文化开放性基因的岭南文化将再一次迸发活力，为广州再度引领沿线港口城市、建设海上丝路文化对外开放新枢纽注入强大动力。

三、东西方的文化交融中心

繁荣的海外贸易和密集的人员往来让广州逐渐发展成为东西方文化集散和传播地。各国各民族文化在此交流，内容丰富，影响深远。东西方文化的聚集留下了许多文化瑰宝。佛教、伊斯兰教、天主教和基督教四大宗教在广州走向中国，佛教形成了光孝寺、华林寺、六榕寺、海幢寺四大丛林；伊斯兰教怀圣寺内的光塔是目前世界上最古老的伊斯兰教塔，比叙利亚的翁米亚主朝遗留下来的古塔要早 80 年；基督教的石室圣心大教堂，属目前国内最大的一座双尖塔哥特式石结构的建筑物。广州骑楼也是东西方建筑文化相互碰撞融合的结果，骑楼的最早原型可以追溯到意大利的敞廊式建筑，后传入广州，十分贴合广州的气候，有助于吸引人流，带动商品交易。20 世纪初，广州便新建了大量的骑楼建筑，建起了骑楼街，形成了独特的风景线。广东音乐也是中西文化融合的结晶，粤胡正是受西方乐器的启发改良而成。广东音乐曲目中经常运用西洋乐器与中式民族乐器合奏，使音色变化更丰富，明显有别于其他地方的民间音乐。享誉海内外的广式饮菜，蛋挞、蛋盏等不少菜式都是率先引进西点创新，食品更为新潮、精美，真正成为东西方饮食文化的交汇中心之一。

作为“中学西渐”前沿，广州汇聚了中西方文化的精华，集合了世界各地先进的技术和工艺。丝绸纺织、制瓷、种茶技术从广州起航远渡重洋，广绣、广彩、通草画等工艺品从广州走向世界，这些中国先进的技术和精致的产品对世界各地人们的生活方式、审美时尚和工艺制造产生了重要的影响，增加了中国技艺的国际知名度。以广州为核心、粤语为语言的广府文化成为海外华文传媒的主要组成部分，具有代表性的纸媒《唐人新闻纸》的语言就是粤语，直至今日，粤语成为澳洲政府的七种官方语言之一；1854 年，美国最早的华文报纸《金山日新录》也是广府人创办、为广府人服务的传媒，将广式传媒文化传播至西方世界。

广州也是众多西方先进技术进入中国的第一站。商贸活动开启了国人认识世界、先西方科技文化的先河。澳门开埠后，贸易繁荣的广州出现了广东方言与葡语的交融，产生了中外贸易的通用语言“广东葡语”。19 世纪，随着英国的兴起，广州逐渐形成以粤方言与英语混合的新商业用语“广东英语”，为中国与外国的贸易交流搭建了桥梁。在澳门和广州出版了最早的《华英字典》与用汉文译出的《新约圣经》，为中西方文化的交流提供了便利。西方传教士带来了欧洲的地理、历法、数学、几何学等科学，印刷、火器制造等技术，以及绘画、音乐等艺术，成立学校、开设印书馆、创办报刊、翻译各种书籍，传教士创办的“眼科医局”是中国第一所眼科医院。此外，广州是种牛痘技术的先行者，也是占城稻、番薯、玉米、烟草、花生、马铃薯等重要作物传入中国的起点。

四、名扬海外的花市花城

广州地处亚热带，濒临南海，处于肥沃富饶的珠江三角洲冲积平原，属亚热带季风气候。广州温暖多雨、光热充足，夏季长，冬天暖，具有一年四季草木常绿、花开四季的特征。所谓“花不应候”，广州花木种类繁多，树木葱茏，鲜花盛放。凭借得天独厚的地理位置和气候条件，广州成为中国古代重要的花卉种植与出口基地，一直享有“花城”的美誉。广州人赏花用花成俗、种花养花为业的历史可以追溯到两千年前的秦汉。西汉时，使者陆贾便赞誉南越国尽是“彩缕穿花”之人；唐代著名诗人孟郊曾描绘广州冬季仍处处有花草的奇景“海花蛮草延冬有，行处无家不满园”。北宋大文豪苏东坡曾在《东坡杂记》中记述到“岭南地暖，百卉造作无时”，民谚“叶茂四时，花开八节”也形象地描述了广州四季常绿、花团锦簇的特征。

花文化对广州的发展影响深远。1700 多年规模化种植花卉的历史和从唐代萌芽并发展至今的迎春花市是广州花城独有的文化底蕴。据史料记载，广州芳村的鲜花种植业始于宋代，盛于明清。到了清代，芳村已是城外最有名的花田，出现了数十个经营花卉生意的园林，其中以留香园、醉

观园等八大园林最为著名。各大园林经营的花卉与盆栽远销海外，这些国际范儿的大花商经营的花卉中西合璧，品种之多，令人叹为观止。清代中叶，广州迎春花市名扬四海，不远万里来到广州的英国皇家植物园的科学家，都一定要三番五次游览花地，搜集各种花卉植物的标本。清代居住在广州洋行区的外国人不能入城，能到花地湾、荔枝湾、海幢寺等地逛花市、逛公园已是很令人雀跃的事情，就算全程要有官府指派的通事"监视"，也不会影响他们游玩的兴致。迎春花市作为广州花文化的核心内容，不仅有着悠久的历史，还是广州重要的民俗活动"行花街"的物质载体，对广州居民的精神文化生活有着深刻的影响。花文化是没有语言障碍的世界性文化，为广州"花城"形象的国际传播提供了重要的品牌资源。

五、华侨华人走向世界的重要起点

伴随着对外贸易和文化交流的兴盛以及航海技术的发展，岭南沿海地区居民沿着海上丝绸之路的交通通道由近及远逐渐散布到世界各地。经过长期发展，粤籍海外华侨华人数量快速增长，实力逐渐增强，成为所在国家和地区重要的社会力量。与国内其他大都市相比，广州拥有最为丰富的华侨华人资源。据不完全统计，广州市有华侨华人、港澳同胞和归侨、侨港澳眷属400多万人，分布在全世界116个国家和地区，较集中于美国、加拿大、巴拿马、马来西亚、新加坡、印度尼西亚、新西兰、澳大利亚、秘鲁、越南、英国等国家。其中，广州籍海外华侨华人和港澳同胞有240多万人。根据广州市社会科学院开展的"广州社会状况综合调查"数据，在被调查的家庭户中，拥有海（境）外亲属的家庭户占到13.21%。广州平均每个侨户都拥有3.13位海（境）外亲属，有侨户表示拥有多达20位海（境）外亲属。一直以来，华侨华人遍布全球的海外联系都为广州开展对外经贸合作与文化交流交往提供了坚实有力、独具特色的支撑。《广州市志》所记载的近代一百多年来影响广州社会发展的知名人士，有三分之一以上是华侨；市内华侨人文史迹多达150个。改革开放以来，穗籍华侨华人积极发挥桥梁和媒介作用，为广州开拓国际市场、发展对外贸易、推进文化交流做出了重要贡献。“一带一路”建设同样需要广大海外华侨华人的支持和参与，特别是丝路沿线的东南亚等国家及地区，是海外穗籍、粤籍华侨华人最多最集中的地区。华侨华人在所在国拥有广泛的社会关系资源、经济资源、政治资源、人才资源和信息资源，是广州发展和促进与丝路沿线国家交流合作的宝贵资源；海外华人与广州人民之间由相同的语言和文化认知形成的粤语文化圈，是广州文化对外开放的有利条件。因此，海外侨胞资源是广州参与“一带一路”建设特有的强大优势。

第三节　广州的现实优势：“新活力”明显的中心城市

当代广州，继续以开放包容、开拓进取的精神不断奏响发展的乐章，走在改革开放的前列，具备了向世界展示中国形象的实力。从广州改革开放实践的锐意进取中，能够认识中华民族敢为人先、不惧挑战的无畏品格。

一、国家中心城市综合实力雄厚

新中国成立70多年来，广州以开放促改革、促发展，经济实力持续增强。地区生产总值从新中国成立初期的2.98亿元上升到2023年的30355.73亿元，约占广东省经济总量的22%，实现了从“赶上时代”到“引领时代”的巨大飞跃，成为全国经济最发达、最活跃、对外开放程度最高的城市之一。

参照世界银行世界各国国内生产总值榜单，广州的地区生产总值相当于约第40位的国家的国内生产总值。2013年以来中国经济进入新常态，

广州加快推进创新驱动发展，优化经济结构，经济社会保持平稳健康发展，大力推动高质量发展的成效逐步显现，2019 年广州地区生产总值同比增长 6.8%，自 2013 年以来地区生产总值增速首次回升。广州整体经济在压力之下显示出韧性和活力，2020 年以来在新冠疫情的深度冲击之下，广州地区生产总值仍保持正增长。（见图 2－1）据英国牛津经济研究院预测，到 2035 年广州将会成为世界第八大城市经济体，这不仅是由于劳动力和就业岗位数量持续增长，也折射出不断提升的生产力赋予广州的广阔发展前景。

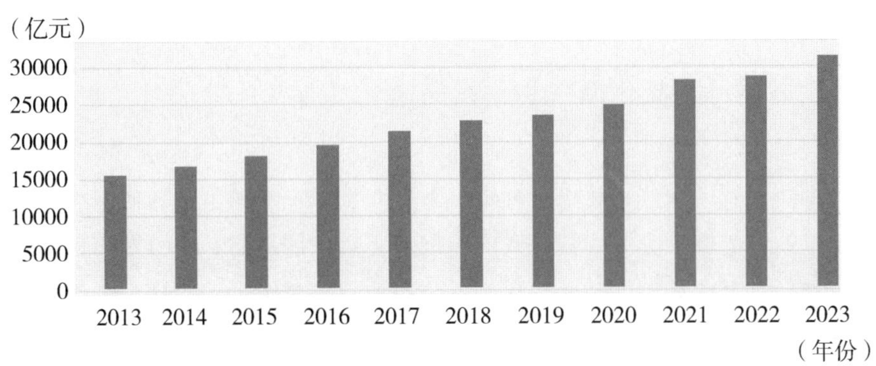

图 2－1　2013—2023 年广州地区生产总值情况

广州是中国华南地区制造业和服务业最发达、门类最全的城市，产业体系结构现代化程度较高。汽车制造业、电子产品制造业、石油化工制造业构成广州的三大支柱产业。其中汽车产量占全国的比重约 10.7%，2023 年广州汽车产量达到 317.92 万辆，连续 5 年位居全国的各城市之首。战略性新兴产业在提升经济发展韧性方面发挥了不可替代的作用。2023 年广州三大新兴支柱产业与五大新兴优势产业共实现增加值 9333.54 亿元，在地区生产总值中的占比达 30.7%，对经济增长的贡献率超过三成。广州是典型的服务业为主导的城市经济体。早在 1957 年，“中国第一展”中国进出口商品交易会（“广交会”）就落户广州。广州服务业加速发展，2023 年第三产业增加值 22262.24 亿元，同比增长 5.3%。数字经济与新技术成为拉动广州消费增长的强劲动力。广州抢抓数字经济发展机遇，推动传统商贸企业转型升级，2023 年限额以上批发和零售业实物商品网上零售额 2835.2 亿元，占全市社会消费品零售总额的比重为 25.7%。广州迈进全球数字经济第一梯队，2022 年数字经济增加值超过一万亿元，为经济增长注入强劲动能。2022 年 6 月《广州市数字经济促进条例》正式实施，成为国内首部城市数字经济地方性法规。良好的商贸发展环境使本土企业茁壮成长，例如广汽集团、南方电网、广药集团等成为世界 500 强，微信成为全球活跃用户数第三大社交软件，唯品会成为中国第三大电商平台。

二、国际科技创新中心建设提速

创新在我国现代化建设全局中占据核心地位，是城市现代化国际化进程之中的核心驱动力。广州深入实施创新驱动发展战略，着力发挥科技创新引领城市发展作用，打造科技创新策源地，强化关键核心技术攻关，优化科技创新生态圈，推动科研资源大市向科技创新强市迈进。

“科技创新 + 实体经济”的产业模式构筑起广州这一商贸中心源源不断的动力引擎。近年来，广州大力发展“3 + 2 战略性新兴产业”，2020 年接连获批创建国家新一代人工智能创新发展试验区、全国首个“区块链发展先行示范区”城市。广州坚持以创新为第一动力，构建了“1 + 1 + 4 + 4 + N”战略创新平台体系，形成“一区三城”（广州人工智能与数字经济试验区、中新广州知识城、广州科学城、南沙科学城）布局。科技市场主体在广州蓬勃发展，2018—2020 年广州累计国家科技型中小企业备案入库数居全国城市第一。活跃的市场释放了城市进步的活力，广州形成了 6 个产值超过千亿元的先进制造业集群、6 个增加值超过千亿元的服务行业，战略性新兴产业增加值占地区生产总值比重突破 30%。

广州持续加大科研投入，全市研发投入再创新高。2022 年，广州研发投入占 GDP 比重达 3.43%，R&D（研究开发）经费连续 15 年保持两

位数增长。截至2022年底，全市新增高水平企业研究院15家，有效发明专利拥有量首次突破10万件，增长26%，入选首批国家知识产权强市建设示范城市，高新技术企业突破1.23万家，创历史新高，新增全球“独角兽”企业9家，增量居全国各大城市第一。广州实验室、粤港澳大湾区国家技术创新中心挂牌运行，人类细胞谱系大科学研究设施、冷泉生态系统研究装置列入国家专项规划，创新生态环境明显优化。

广州在全球创新版图的位势进一步提升。在2023年“自然指数—科研城市”全球排名中，广州跃升至第8位，在国内城市中排名上升至第4位。广州凭借自身的科研资源和科创优势，在粤港澳大湾区内加大科技联合创新力度，加快建设广州创新合作区，共建广深港和广珠澳科技创新走廊。2023年，深圳—香港—广州科学技术集群的排名保持全球第二，继续共同领衔东亚地区的活跃科技活动，折射出广深港澳科技创新走廊的强大韧性和广州在其中的支撑作用。《广州市科技创新“十四五”规划》提出建设世界重大科学发现和技术发明先行之地、国际科技赋能老城市新活力的典范之都、全球极具吸引力的高水平开放创新之城的目标。广州不断强化科技创新驱动城市发展的作用，将更好地服务粤港澳大湾区打造具有全球影响力的国际科技创新中心。

三、开放型经济见证国际商贸中心成长

“千年商都”在改革开放的浪潮中依然充满活力。广州勇担我国改革开放的前沿阵地、对外贸易的重要枢纽，积极发挥优势资源禀赋，创建一流的营商环境，打造良好的产业生态，全面增强国际商贸中心功能。2018年以来广州接续开展5轮营商环境改革，构建起了优化营商环境的常态长效机制。2020年《广州市优化营商环境条例》出台实施，成为粤港澳大湾区优化营商环境的第一份地方立法。广州的营商环境便利度、效率、可信度深受投资人认可。国家营商环境评价所有18项指标连续两年获评标杆，南沙自贸区43项制度创新成果获全国推广。华南美国商会《中国营

商环境白皮书》连续多年将广州评为首选投资目的地、中国内地城市投资排名中最受欢迎的投资城市。2021 年广州市场主体突破 300 万户，比 2016 年增长 1 倍。在穗投资的世界 500 强企业累计达 330 家，投资项目累计 1468 个。

广州外贸进出口实现高质量发展，是全国第 7 座“外贸万亿之城”，进出口贸易额从 2012 年的 7397.6 亿元增长到 2023 年的 10914.28 亿元，增长 47.5%。广州是全球最大的消费品供应链枢纽。会展产业年办展数量和面积均稳居全国第二。专业市场成交总额占全国份额的 1/7，全国直播电商百强广州独占九席，排名全国第一。跨境电商进口额连续八年居全国之首，广州海关跨境电商直购业务量占全国直购进口业务的一半。在商务部“2022 年度跨境电子商务综合试验区评估”中，中国（广州）跨境电子商务综合试验区（以下简称“广州综试区”）蝉联第一档“成效明显”，成为全国十个“成效明显”跨境电商综试区之一。广州天河路商圈是全国首个万亿级商圈，北京路成功创建全国示范步行街。2021 年国务院确定培育上海、北京、广州、天津、重庆等五个国际消费中心城市，增强消费对经济发展的基础作用。广州稳步推进国际消费中心城市建设，构建“5+2+4”的国际知名商圈体系。

作为中国对外开放的门户枢纽和“一带一路”倡议枢纽，广州企业“走出去”步伐也走在全国前列。广州是中国率先制定对外投资合作发展规划的城市，2021 年 12 月《广州市对外投资合作“十四五”规划（2021—2025）》印发，统筹全市“走出去”制度体系建设、平台网络搭建，促进对外投资合作高质量发展。截至 2022 年末，全市企业投资设立非金融类境外企业（机构）2297 家；中方协议投资额 286.3 亿美元，较 2013 年增加了 14.7 倍。广州“十三五”期间对外直接投资额约占累计投资总额的一半。2020 年以来，新冠疫情的全球肆虐使世界各国经济受到重创，也产生了新的投资机会。广州企业大胆抓住机遇，开展新一轮海外布局，对外直接投资进入新的增长期。

四、国际交往中心彰显城市智慧

作为国家重要的中心城市，广州国际化程度相对较高，对外交往频繁，多年来在国际友城关系、国际多边交往、对外人文交流方面都积累了全国领先的优势。

广州是国内率先开展国际友好城市工作的城市之一，从1979年与日本福冈结成第一对国际友好关系城市以来，广州的国际友好关系城市已超过100座。友城关系带动民间友好交流创新发展，交流领域不断拓宽，交流形式丰富多样，打造了“友城之旅”“相约广州”“广州地区中外友人运动会”等一大批具有广泛影响力的民间交往品牌。广州积极运用友城渠道为加速城市国际化提供了重要的资源和借鉴，为全面开展城市软实力提供重要平台，为开展国际合作提供重要途径，为城市各领域人员开展国际交流提供重要渠道。2010年广州荣获“国际友好城市特别贡献奖”，此后又多次获得“国际友好城市交流合作奖”。

早在1993年，广州就正式加入世界大都市协会，是中国最早加入该协会并成为董事会成员的城市。目前，广州已任世界大都市协会主席城市，世界城地组织世界理事会和执行局城市，活跃在世界城市文化论坛、城市气候领导联盟（C40）、倡导地区可持续发展国际理事会、城市气候领导联盟等国际组织活动中。2008年报送“新河浦历史文化保护区保护规划”荣获第三届世界大都市奖第二名，2009年参评“第五届世界水论坛水治理奖”荣获第一名，2011年协助南沙区参评并荣获“全球最适宜居住城区奖”等，有力地提升了广州在国际舞台上的城市形象。2012年广州国际城市创新奖创设，进一步提高了广州在国际城市交流合作中的影响力。

高端国际活动频频青睐广州，广泛创建起广州与世界其他城市和地区对话的舞台。广州于2000年、2012年、2021年三度承办世界大都市协会董事年会，2009年承办UCLG（世界城市和地方政府联盟）世界理事会

会议暨广州国际友城大会，2010 年承办亚运会、亚残运会，2017 年承办《财富》全球论坛，2018 年承办世界航线大会，2019 年承办世界港口大会等一批重大国际会议和体育赛事，国际活动聚集能力显著增强。广州凭借与亚奥理事会联合开展的“亚洲之路”海外大型推广活动，开创了亚运历史上国际传播的新形式。2009 年，作为广州亚运会的形象大使，以“阔阔真公主”命名的漭古木帆船，重走“海上丝绸之路”，沿波斯湾和东南亚造访了近 30 个国家和地区，传递了“和谐亚洲”的理念，所到之处受到各国奥委会、政府及民众的热烈欢迎，在海外掀起了“中国热”和“亚运热”。第 16 届亚运会被西方媒体评论为“继北京奥运会和上海世博会之后，中国正在上升的国际影响力的又一‘符号’”。

借助这些国际交流机会，广州打开了国际传播的新空间，每年举办各类对外文化交流活动 300 多场，面向 40 多个国家和地区，参与人数近 100 万人。以岭南文化为纽带，推动粤剧粤曲、武术、美食等广州特色文化精粹走出国门，打造全方位多层次宽领域文化交流模式，让广州城市形象传播更为灵动。“在广州，读懂中国”多次成为热词，彰显了广州魅力、岭南风采、中国精神。

党的十八大以来，广州国际交往和国际传播工作同频共振，国际交往实践也成为国际传播能力建设重要组成部分。为进一步提升城市国际竞争力和影响力，2017 年广州市第十一次党代会明确提出了“高水平建设国际交往中心”的发展任务，2018 年《广州建设国际交往中心三年行动计划》，2021 年《广州建设国际交往中心“十四五”规划》相继出台，国际交往中心成为广州重点打造的城市形象之一。

五、国际综合交通枢纽筑牢对外联系桥梁

广州拥有优越的交通区位优势，是我国为数不多集航空枢纽、水运港口和陆路交通网于一体的综合交通枢纽城市。

广州国际航空枢纽建设在“十三五”期间按下了“加速键”。空港基

础设施保障能力持续提升，白云机场硬件设施达到世界级水平，2 号航站楼被国际航空运输评级机构 Skytrax 评为“全球五星航站楼”，白云机场商务航空服务基地（FBO）规模居全国第一。三期扩建工程按照满足 2030 年旅客吞吐量 1.2 亿人次、年货邮吞吐量 380 万吨、飞机起降 77.5 万架次需求设计，将成为白云机场建设世界级枢纽收官工程。机场承载能力不断增强，智慧机场建设走在全国前列；先后荣获了国际航空运输协会（IATA）“白金标奖”、“便捷旅行项目”建设金奖和“最佳场外值机支持机场”等奖项；在国际机场协会（ACI）2018 年度机场服务质量（ASQ）测评中荣获全球服务最佳机场第 9 名。航线网络日臻完善，截至 2020 年前，白云机场客运航线网络覆盖全球超过 230 个航点，拥有航线超过 300 条，其中国际航线网络遍布五大洲的 86 个城市、航线 166 条，与国内、东南亚主要城市形成“4 小时航空交通圈”，与全球主要城市形成“12 小时航空交通圈”。“广州之路”枢纽品牌不断发展成熟，已奠定了面向大洋洲的第一门户枢纽地位，并在巩固东南亚、澳大利亚优势航线基础上，进一步拓展欧美航线，打造非洲快线，发展南美航线，搭建更优质的“空中丝路”。

广州国际航运枢纽能级不断提升。2023 年广州港货物吞吐量 6.75 亿吨，位居全球第五；集装箱吞吐量 2541 万标箱，位居全球第六。航运运营网络辐射全球，海外航线持续增加。截至 2022 年开通集装箱班轮航线总数达 202 条，通往 100 多个国家和地区 400 多个港口。全球排名前 21 位的班轮公司均在南沙港区开辟国际航线。港口的“朋友圈”覆盖全球六大洲，累计与 55 个国际港口建立了友好与战略合作关系，并加入中马港口联盟等组织，积极开展“一带一路”航运多边交往，提升国际友好合作交流水平。在 2023 年新华 · 波罗的海国际航运中心发展指数中，广州保持世界第 13 位，国际航运枢纽地位稳固。

铁路的衔接作用在国际综合交通枢纽中的作用日益凸显。广州是华南最大的铁路枢纽，京广、广三、广深三条铁路汇合于此，向外逐步形成衔接 7 个方向、12 条线路的双“人”字形格局，融入全国铁路线网。至

2022年，广州已拓展了广州—满洲里—俄罗斯、广州—凭祥—越南、广州—二连浩特—欧洲等13条国际铁路货运线路，通达20多个国际节点城市，实现东、中、西线路的全覆盖，往南亚、东南亚线路日渐活跃，中俄、中欧、中亚往返线路双向运输俨然成为连接广州与“一带一路”沿线国家的经贸大通道。广州国际港（注：陆港）与南沙港相连接，构建起“南沙港—黄埔/新港—内陆地区”海铁联运通道，使南沙港口货物“搭上”中欧班列，打造过境多式联运中心，开辟了“一带一路”物流新通道。

通过推进国际航空枢纽、国际航运枢纽、国际铁路物流枢纽建设，广州逐步建立了现代化海陆空立体交通体系，国际综合交通枢纽基本成型。

第四节　广州的未来定位：代表国家参与全球竞合的国际大都市

进入新时代，广州凭借在全球城市体系中的领先地位，在国家战略传播体系的使命召唤下，肩负起更大的国际传播职责。

一、全球城市地位稳步攀升

全球城市的打造涉及经济、社会、文化、科技、环境、服务、人力资本等方面，比拼的是全方位、宽谱系、综合性的实力。在新冠疫情全球大流行的冲击下，广州稳居世界主要城市排名前列，成为全球城市体系中的中流砥柱，体现中国城市的责任担当。（见表2－1）

表2－1 广州在主要全球城市排名中的表现

机构	排名	2010年	2012年	2014年	2015年	2016年	2017年	2018年	2019年	2020年	2021年	2022年	2023年
GaWC	世界城市分级①	Beta（67）	Beta+（50）	—	—	Alpha－（40）	—	Alpha（27）	—	Alpha－（34）	—	Alpha－（34）	—
科尔尼	全球城市指数	57	60	66	71	71	71	71	71	63	60	56	55
科尔尼	全球潜力城市指数②	—	—	—	76	78	56	59	65	54	34	26	57
普华永道	机遇之城	—	—	2	2	1	1	4⑤	4	3	4	4	4
世界知识产权组织	全球创新集群③	—	—	—	—	—	63	32	21	2	2	2	2
Z/Yen、中国综合开发研究院	全球金融中心指数④	—	—	—	—	—	37/32	28/19	24/23	19/21	22/32	24/25	34/29

资料来源：历年《广州蓝皮书：广州城市国际化发展报告》。

注：① 2016 年以前世界城市分级不定期发布，2016 年起固定为每两年发布一期。

② 全球潜力城市指数创设于 2015 年。

③ 全球创新集群排名创设于 2017 年。

④ 全球金融中心指数每半年发布一期，每年共发布两期。广州自 2017 年起进入榜单。

⑤《机遇之城》2018 年起将北京、上海纳入榜单，2019 年起将香港、澳门纳入榜单，对广州排名产生显著影响。

由全球化与世界城市（GaWC）研究编制的“世界城市分级”（The World According to GaWC）被誉为“全球关于世界一、二、三、四线城市最权威的排名”。2016 年起，世界城市分级将广州在全球 361 个城市中排至 Alpha 类，广州历史性进入“世界一线城市”行列。2020 年更上升至全球第 34 位。

在国际知名管理咨询机构科尔尼管理咨询公司（A. T. Kearney，下称“科尔尼”）发布的全球城市指数榜单中，广州自 2020 年起结束了 5 年的不变态势，排名迅速向上攀升，2023 年上升至全球第 55 位，显示出强劲的发展势头。

在由普华永道与中国发展研究基金会共同编制的《机遇之城 2022》中，广州的进步态势更为显著，排名中国城市第四位，仅次于北京、上海、香港；尤其在区域重要城市、智力资本和创新、技术成熟度等维度中排名第二，说明广州作为区域的门户枢纽，以科技创新为引擎，承担着大量的国际辐射责任。

世界知识产权组织对全球经济体中的全球创新集群排名显示，2017年至2019年广州作为独立的科学技术集群，从第63位跃升至第21位；2020年起报告将广州加入深圳—香港集群，组成深圳—香港—广州集群，处于全球第二、国内第一。

广州自2017年起被收录入全球金融中心指数榜单。在2023年第34期全球金融中心指数中，广州位列全球第29位，被认为是全球性专业金融中心的首位城市、第三大全球最具声誉优势的金融中心，金融科技中心排名全球第19名。

国际知名研究机构发布的全球城市评价排名，具有客观中立的特征，是世界各地对照发展的重要参照系。在各大全球城市排名中取得的领先地位，使广州的发展动态自然而然得到更多的国际关注。广州成为国际社会研究中国道路的重要样本。

二、国家接连赋予重要战略使命，勉励创造新的辉煌

广州作为对外交往中心，建设国际大都市的发展定位一直以来在国家战略当中得到认可。早在1984年国务院批准的《广州市城市总体规划》就提到广州是“我国重要的对外经济文化交往中心之一”，2008年《珠三角地区改革发展规划纲要》进一步强调将广州建成面向世界、服务全国的国际大都市。党的十八大以来，在新兴赛道不断迭起、新一线城市奋起追赶的背景下，广州勇担重任，进一步强化国家中心城市发展能级，努力当好“两个重要窗口”的标杆城市、粤港澳大湾区核心引擎。（见表2－2）

表 2-2 广州城市功能定位主要文件梳理

年份	政策文件	功能定位
1984	国务院批准《广州市城市总体规划》	广东省政治、经济、文化中心，我国历史文化名城之一，我国重要的对外经济文化交往中心之一
2000	广州城市总体规划(2001—2010)	华南地区的中心城市和全国的经济、文化、对外交往中心城市
2008	珠三角地区改革发展规划纲要	国家中心城市，建成面向世界、服务全国的国际大都市
2016	国务院批准《广州市城市总体规划（2011—2020)》	广东省省会、国家历史文化名城，我国重要的中心城市、国际商贸中心和综合交通枢纽
2019	粤港澳大湾区发展规划纲要	国家中心城市和综合性门户城市，国际商贸中心、综合交通枢纽、科技教育文化中心、着力建设国际大都市

2016 年 2 月，国务院在批复《广州市城市总体规划（2011—2020 年)》时指出，“广州是广东省省会、国家历史文化名城，我国重要的中心城市、国际商贸中心和综合交通枢纽”。确认了广州重要国家中心城市的地位，肯定了广州在推进国家中心城市建设上做出的努力和取得的成就。国家中心城市是集聚人流、物流、资金流、信息流，具有强大集聚和辐射带动作用的枢纽城市。广州是华南地区经济活动和资源配置的中枢，是陆海空交通网络的枢纽，更是汇聚了科教文卫等资源，城市国际化道路越走越远，国际交流与合作越走越实。

2018 年全国两会，习近平总书记亲临十三届全国人大一次会议广东代表团审议，对广东提出了“四个走在全国前列”的要求，赋予广东“两个重要窗口”的重要定位和光荣使命——“广东既是向世界展示我国改革开放成就的重要窗口，也是国际社会观察我国改革开放的重要窗口”。2018 年 10 月，习近平总书记亲临广东视察，要求广州实现老城市新活力，在综合城市功能、城市文化综合实力、现代服务业、现代化国际化营商环境方面出新出彩。广州作为广东的省会城市，不负习近平总书记和党中央的嘱托，奋力实现“四个走在前列”，当好“两个重要窗口”的发展榜样，充分发挥国家中心城市和综合性门户城市的引领作用，进一步提升作为省会城市服务保障全省发展大局的能力，推动实现老城市新活力、“四个出新出彩”。

2019 年 2 月，党中央、国务院印发《粤港澳大湾区发展规划纲要》，开启了粤港澳大湾区建设的新篇章。粤港澳大湾区是中国改革开放得风气之先的地方，是中国开放程度最高、经济活力最强的区域之一。广州是大湾区联系内地、辐射内地最佳桥梁和纽带。《粤港澳大湾区发展规划纲要》提出以香港、澳门、广州、深圳四大中心城市作为区域发展的核心引擎，对广州的发展定位为：充分发挥国家中心城市和综合性门户城市引领作用，全面增强国际商贸中心、综合交通枢纽功能，培育提升科技教育文化中心功能，着力建设国际大都市，明确了广州在粤港澳大湾区的核心驱动地位。2022 年 6 月，国务院正式印发《广州南沙深化面向世界的粤港澳全面合作总体方案》（以下简称“南沙方案”），为广州全面深化改革开放、纵深推进粤港澳大湾区建设带来重大历史机遇。地处粤港澳大湾区地理几何中心的南沙，先后被赋予建设国家级新区、自贸试验区和粤港澳全面合作示范区等重大使命。广州正在主动作为，举全市之力推进大湾区建设，制定并出台“1 + 3”政策体系，即出台 1 份实施方案，制定实施重大政策、重大项目、重大事项 3 份清单，确保南沙方案有力有效有序落实，以南沙开发开放为抓手，构建城市发展新格局，以实际行动向世界诠释粤港澳大湾区的蓬勃发展。

三、国际大都市的主动作为

广州是一座拥有两千多年历史积淀的老城，也是走在中国特色社会主义新时代改革开放再出发的排头兵。加强国际传播能力建设不仅是国家的

使命呼唤，也是为广州赢得更好发展机遇的必然选择。综合考虑城市资源和未来发展战略的衔接，结合国际叙事习惯，一系列城市形象构建和传播的“关键词”应运而生，在国际舞台上勾勒出广州形象最突出的特色，促进世界更准确地认识广州。

城市功能定位——综合性门户城市。广东省省会、国家中心城市、粤港澳大湾区中心城市、综合性门户城市、国际商贸中心、综合交通枢纽、科技教育文化中心和国际交往中心。

城市符号象征——花城。自明清时期，广州形成了至今闻名遐迩的“迎春花市”，“花市”“花城”多次登上《人民日报》头版，2001 年被联合国评为“国际花园城市”，2021 年“广州花园”亮相切尔西花展，为国际社会所熟知。

城市经济特色——商贸。广州素有“千年商都”的美誉，现代以来始终是中国重要的商贸集散地。《粤港澳大湾区发展规划纲要》再次强调了广州发展国际商贸中心的功能定位。

城市人文基础——岭南文化。广州是岭南文化中心地。岭南文化在东西文化的交汇中孕育而生，具有鲜明的开放性、兼容性、多元性、务实性，在国际社会广泛流传。

城市区位优势——中外交通枢纽。广州白云国际机场是国内三大航空枢纽机场之一，国际航运货物吞吐量居全球第四，形成以国际航空枢纽、国际航运枢纽为主，多式联运功能不断强化的国际性综合交通枢纽城市。

城市发展潜能——科技创新。广州是华南地区的科教文化中心，以信息技术、人工智能、生物医药为代表的战略性新兴产业建设突飞猛进，科技创新城市形象塑造已初见成效。

广州将这些“关键词”的联想与城市发展战略紧密结合，提出了未来城市发展定位，也对城市形象传播形成了清晰的指导。《广州市国民经济和社会发展第十四个五年（2021—2025 年）规划和 2035 年远景目标纲要》描绘了广州 2035 年远景目标和“十四五”时期经济社会发展主要目标。广州作为中国的“南大门”、重要的国家中心城市，面向未来五年，

将努力建设“创新之城”“实力之城”“枢纽之城”“机遇之城”“智慧之城”“品质之城”等六个“之城”，剑指2035年建成具有经典魅力和时代活力的国际大都市，成为具有全球影响力的国际商贸中心、综合交通枢纽、科技教育文化医疗中心，朝着美丽宜居花城、活力全球城市阔步迈进。

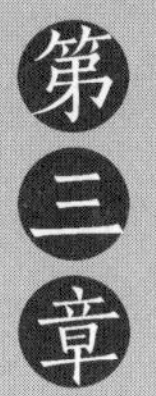

第三章

学术文献研究总结的广州城市形象

城市形象的呈现是方方面面的，要想准确全面地提炼城市形象，需要长期的跟踪研究，进行海量的数据统计和内容分析。在有限的人力物力基础上，城市形象研究几乎都是片面的、有局限性的。但是长期以来，大量城市研究学者前仆后继，从各种视角切入，针对特定城市开展特定侧面的城市形象研究，积累了大量的研究素材和成果。学术文献具有研究方法科学性、研究数据原始性、研究观点客观性等特征，得出的结论具有较高的参考意义，是短时间内掌握城市形象发展状况的便捷入口。不同视角的学术文献相互拼接，可以较为全面地概括城市形象。因此，对学术文献的归纳整理，对其研究方法及结论进行专门分类综合分析，梳理城市形象的变化沿革和现状特点，是城市形象研究的重要组成部分。

第一节　广州城市形象的媒体报道研究

媒体报道是城市形象传播频次最高的媒介渠道，是学术文献研究的主要对象。近年来，对于广州的报道更多见诸广东省内报刊，以正面叙事为主，构建了“敢想敢做、敢为人先”的广州城市形象。国外媒体的报道则主要为客观事实报道，在近年国际媒体的报道中，相对于北京、上海，广州的见报率较低，且多被定为以“工业”城市，类型上则偏向于对体育赛事、社会民生的报道。在新媒体平台上，广州市政府日益注重借助微信、微博等平台进行广州形象的宣传。整体而言，广州的城市形象呈现工业化元素与经济元素愈加显著、人文元素呈现多元发展的趋势。

一、国内媒体分析

广州城市形象在国内媒体中的呈现研究多以《广州日报》《南方都市报》等本地媒体报道内容为素材。本地媒体对广州城市发展状况掌握较为全面，报道的出发点较为纯粹，反映内容较为中肯，报道数据较多，具有较好的研究价值。

梁雪梅（2011）选择广州亚运会期间（2010 年 11 月 12 日至 11 月 27 日）《广州日报》有关亚运的新闻报道，根据城市形象的综合评价指标体系，选择与构建广州城市形象相关的环境、经济、社会三大方面的 10 个议题的新闻报道予以内容分析，认为《广州日报》塑造广州城市形象上，着重强调城市的社会因素，有关市民风貌、广州城市历史文化的议题也占一定份额。整体而言，《广州日报》对广州城市形象的构建虽然呈现出广州政府和行政机关的勤政、廉洁、高效的形象，呈现出良好的市民风貌，以及广州经济的快速发展的特点，却未能体现城市人文气息和自然环境、

城市的国际化程度等方面的城市形象。

陈映和董天策（2012）以《广州日报》《南方都市报》和《羊城晚报》为研究对象，研究显示在报道主题方面，出现频率最高的三个主题分别是“城市规划和建设”“政府行政与活动”以及“城市管理”；从主题面向等数据来看，广州媒体主要从城市规划、建设和管理等地方公共事务问题，政府的行政与活动，围绕市民的住和行等议题关注居民生活和保障问题三个层面展开对广州城市形象的刻画，基本涵盖了政府和市民形象这两大城市主体形象。政府作为城市的建设者和管理者，常常将城市形象视为自己政绩的一部分，会主动、积极地对城市形象进行形塑。但是这带来了一个“以权力为中心”的城市形象，从而使得新闻报道对广州实体城市形象的反映出现偏差，同时也在一定程度上导致了政府形象与城市形象边界的模糊，损害了广州城市形象的多元性和丰富性。

张丽平（2014）使用慧科新闻搜索，收集《人民日报》《中国青年报》《新民晚报》和《楚天都市报》四家媒体关于广州的报道数据，研究发现媒体对广州的关注主要集中在政治、经济、社会等关键议题上，四家报纸呈现的广州，经济活跃、展会发达，政治具有改革探索精神，体育表现突出，但科教、治安以及广州制造形象欠佳。同时，还发现不同性质的报纸对广州的选择和建构方式不同，以《新民晚报》《楚天都市报》为代表的市民类报纸，新闻选择看中趣味性、接近性，报道多用批判视角；以《人民日报》《中国青年报》为代表的全国发行的官方权威报纸，新闻选择看中重要性、显著性，以正面宣传为主，报道视角更为亲善。

吕芳（2017）选取《南方都市报》探讨大众报刊对于广州的城市形象建构。研究发现，《南方都市报》对广州城市形象报道相关话语呈现出“批判—建构—融合”的大致趋势，其中，1997—1999 年主要关注广州“社会治安”“城市环境”“城市管理”等负面新闻，传播城市负面形象；2000—2008 年则大量报道广州特有的传统文化，如“行花街”“菠萝诞”等城市生活、文化风俗内容；2009—2016 年期间，城市文化风俗报道比例提升，正面报道占据较大比重，传播了广州环境优美、基础社会完善、

市民热情好客的良好的城市形象，而“广州地理”“私人广州”更是这时期的集中报道主题。

二、国际媒体分析

国际受众普遍倾向于通过国际主流媒体来获取中国城市的资讯，因此，准确描述城市在国际媒体话语结构中的常模，有利于城市管理者有针对性的改进城市宣传策略。国际媒体分析数据主要通过媒体数据库抓取和特定媒体数据收集两种方式开展。

媒体数据库数据能够较为全面地呈现广州在全球媒体中的形象，常用的媒体数据库有慧科、LPXISNPXIS、Factiva。易鑫宏（2014）选取慧科、LPXISNPXIS 等新闻数据库、部分境外报纸媒体的网络版以及外媒舆情搜集系统上 2011 年 1 月 1 日至 2012 年 6 月 30 日的涉穗报道进行内容分析，发现香港媒体对广州关注度最高，其后依次为中国台湾、东南亚、日本、韩国等亚洲其他国家和地区，北美关注度一般，欧洲关注度较低。在报道议题上，社会问题最受关注，港台记者除了关注广州经济发展外，对猎奇性、轰动性的事件也显出了极大兴趣。而欧美国家媒体对广州的关注度一般，报道形式多以评论为主。非洲媒体则对在广州黑人问题较为关注，主要有尼日利亚、肯尼亚、津巴布韦等国媒体。王大可和李本乾（2018）依托 Factiva 全球新闻数据库 2013—2017 年涉穗报道数据，实证分析了广州形象全球传播的演进趋势、议程分布和框架特征，发现广州的国际传播能力不断增长，并在工业、卫生、科技等领域初步塑造了具有国际影响力的城市形象。整体来看，全球媒体涉穗报道的议程大致可分为四类：工业及企业议题、金融及理财框架、政治与外交框架以及科学研究框架。广州形象的全球报道议程具有如下几方面的特点 ：第一，与上海等城市相比，“工业”广州的形象比“金融”广州的形象更为凸显；第二，广州与相关国际事务的关联程度有待挖掘和提升；第三，科技形象，特别是医疗卫生领域的科技形象，是广州全球城市形象的一大亮点。

各国主流媒体的数据收集能够反映广州在重点国家的形象塑造情况。唐佳梅（2010）选取《纽约时报》《泰晤士报》与《海峡时报》的涉穗报道作为分析样本，提炼广州形象呈现为：改革开放前沿、新闻管制与腐败问题突出、商贸制造发达、产品质量与食品安全堪忧、环境治安恶化、市容卫生欠佳、南越文化包容务实，突出反映了广州的优势与缺陷、成绩与问题，并不存在与现实差异巨大的负面框架。李秀芳和刘艺（2016）选取了《卫报》《华盛顿邮报》和《悉尼先驱报》三份不同西方国家的主流报纸作为分析对象，对比西方媒体中北京、上海、广州三个城市的形象常模。三大报的官网在研究时段（2012 年 1 月 1 日至 2014 年 10 月 18 日）内刊登有关北上广的报道共 328 篇，聚焦于政治、经济、文化、环境、体育、旅游、社会民生等问题。从报道率来看，北京和上海的见报率差距不大，分别为 37.2% 和 33.5%，但广州的外媒关注率略低，为 29.3%。对北京的报道重点在于环境和政治，对上海的报道重点是经济和体育，而对广州的报道重点则是体育和社会民生等问题。三大报官网对三个城市报道的呈现状态除了与城市本身的定位与发展有关外，还受报刊自身定位的影响。《卫报》对环境的报道总量最多，政治题材最少；《华盛顿邮报》突出政治议题，密切关切北京的政治动态；《悉尼先驱报》更多对体育和经济维度的报道，广州体育赛事备受关注，它是唯一的广州报道率高于北京、上海报道率的报纸。《卫报》对北上广的报道态度略倾向于负面，但负面、正面与中性报道总量差距不大（36%、30% 和 34%）。政治、体育与社会民生问题三个维度的态度主要呈中立，但在环境维度多以负面报道为主。总体而言，外媒对我国北上广的报道较为客观。

三、新媒体分析

新媒体传播具有无时间限制、无地域限制的特点，能够迅速及时地运用多媒体手段创新呈现新闻内容，阅读受众量远远超过了传统媒体，更容易获得广泛影响、反映网络舆情，同时网络媒体的研究数据可得性更强，

因此越来越多学者选用新媒体视角研究城市形象。

姚凯丽（2016）选取“上海发布”“杭州发布”“中国广州发布”2015 年 10 月 1 日到 2015 年 10 月 31 日之间的微信公众号文章，并分别对这三个政务微信公众号的传播特点及其所呈现出的城市形象进行分析。研究表明，上海展示的是“国际化大都市”的城市形象；杭州展示的是本地居民积极向上正能量的一种市民形象；广州发布则因为所呈现的内容比较陈旧而且范围过于宽泛，再加上其菜单栏的设置较为杂乱，很难给受众较为清晰的城市印象。

陈晖（2017）对“广州公安”“中国广州发布”“广州青年”3 家政府机构运营的具有代表性的共计 6 个广州政务微博和微信公众号进行案例的分类及分析；针对社会公众对多平台的城市形象传播的态度及看法进行问卷调查，在政务双微平台运营人员、社会公众之间选取访谈对象进行深度访谈；并结合所选择的 6 家平台 2016 年发布的内容，通过抽样获得统计和分析的样本。研究发现，广州政务双微平台热衷于传播政府类和文化类信息，侧重呈现广州的文化形象和环境、交通形象，但传播过程中仍存在发布形式单一、发布内容比例失衡、本地元素呈现不足、新媒体优势未凸显、信息发布混乱和发布机构各自为政等问题。

聂国娜、杨凯和刘一璇（2019）通过问卷调查、深度访谈结合的方式，获得在穗外国人微信使用的内容偏好和信息获取路径的相关信息，研究发现广州国际知名度缓慢提升，其国际商贸形象日益鲜明，工业化元素与经济元素愈加显著，人文元素呈现多元发展；但广州现有城市形象定位与国际受众印象之间尚存差距、外宣公众号内容设计和外国用户需求契合度不够，知名度低、在穗国际受众对公众号文章兴趣低。

四、近代报刊分析

广州历史上一直是中西文化交流的门户，近代以来更加成为西学东渐的和外国人观察了解中国的窗口，尤其有价值的是广州市近代中国新闻媒

体事业的起源地和重镇，大量新式报刊创立，也成为塑造广州城市形象的重要来源。

徐燕（2015）以文献分析法和定性分析法，在20卷《中国丛报》的文本内容基础之上分析在广州篇目、时事报道栏目中不同形式的文本内容对广州的记述与报道。其文中构建的广州，既是当时唯一对外开放的中国商埠，黄埔港、十三行有着全国最繁荣的对外贸易与交流；同时也是一个充满着麻木呆滞的中国人、有着各式旧中国陋习、在西方现代文明面前退居历史潮流之后的中国城市。

龙其林（2018）以《广州纪录报》《东西洋考每月统记传》《中国丛报》《中外新闻七日录》等近代岭南报刊为研究对象，采用文献研究法研究近代广州作为中国近现代文化策源地的城市个性与内在精神。研究发现，近代广州城市具有鲜明的海洋文化属性，此阶段的广州报刊中充满了浓郁的海洋文化气息，多为报道人们以海为生、搏击海洋的内容。随着清朝实行“一口通商”政策，广州成为此时唯一的对外通商口岸。在异域文化的刺激下，广府文化迅速彰显其宽容并蓄、开放多元、实干重商的特性，广州近代报刊中有许多关于广府地区人们进行中外贸易、早期移民、海外历险的报道，这些内容冲击着中国传统的重农抑商、轻视海洋的观念。

第二节　广州城市形象的受众调查研究

城市形象调查研究的受众对象主要分为在华尤其是在穗工作生活的外国人士群体、留学生群体、国内群体三种。在穗外国人群体的认知中，广州的国际知名度较低，城市建设、生活质量等有待进一步提升，但是比较肯定广州美食以及广州的“宜商”特性；在国内群体中，对于广州的金融服务、商品购物等满意度较高，对于环境、交通等满意度较低，但对于

广州“开放包容”的特性认同度还是比较高。

一、对在华/访华国际人士的调查

杨凯（2010）对在穗外国人眼中的广州城市印象及媒介使用习惯进行了问卷调查，受访对象为在穗生活、学习、工作的常驻外籍人士。调查方式为入户采访、街头拦截相结合的随机抽样，共发放300份问卷，回收有效问卷268份。问卷主要包含三个方面的内容：国际受众对广州现有的城市印象、国际受众的媒介使用习惯、国际受众对传媒和信息的需求。超过半数受访者认为广州的国际知名度不高（62.31%）；在广州城市功能方面，受众对广州的宜商特性认可度最高（57.09%），对休闲特性认可度最低（5.6%），旅游、工作、居住的功能认可水平基本相当，分别是18.26%、16.04%和12.31%；在城市建设方面，受众对交通建设最满意（56.72%），其次是环境（17.91%）、卫生（7.09%）和相关法律完善（5.97%）方面的认可度最低。到广州以前，受访者的信息获取途径主要为人际传播、母国媒体；定居广州后，则主要通过国内媒体获取信息。

王毓、钟晓雯和钟敏琪（2014）结合访谈和问卷两种研究方法，比较中日两国人眼中的广州城市形象，发现受访日本人中有30%认为广州是“美食之都”，而对广州的时尚感、艺术感等方面的认同则相当低，中国受访者对以上几个方面的感受基本持平；无论是日本人还是中国人都对广东方言印象深刻，29%的日本人受访者一提到广州，首先想到的就是“广州话”，仅次于“广州美食”的比例33%。56%的中国受访者认为“广州是国际化大都市”，日本人组则为70%。此外，日本人受访者集中指出的问题是“服务方面达不到国际标准”“软件设施比不上硬件设施”“垃圾分类不到位”“城市形象感觉不够国际化”，以及“仿冒品泛滥”等问题。日本人组对“交通便利程度”（3.72）、“绿化率”（3.27）、“市容市貌”（3.12）的评价较高，中国人组对“娱乐设施”（4.12）、“通信设施”（4.0）和“交通便利程度”（3.77）的评价较高，而无论中国人

还是日本人都对“空气质量”“食品安全”“公厕卫生状况”“治安状况”这四方面表现出明显的负面评价。最后，受访者对广州的喜爱程度呈正向分布，中国人组中有64%的受访者回答“非常喜爱”或“比较喜爱”，日本人组中二者合计占44%，没有人选择“讨厌”广州。但是关于广州哪一方面值得向他人推荐，中日两组数据表现出较大的差异。日本人推荐前三位是“观光”（67%）、“工作”（12%）、“其他”（12%主要为美食），推荐到广州“求学”的比例仅为3%；而中国人推荐前三位是“观光”（39%）、“工作”（30%）、“求学”（24%）。中国人组前三位比例较均衡，而日本人组主要都集中在“观光”这一项上，可见广州对日本人的吸引力表现得极为单一，广州地区高校的国际知名度较低。

姚宜（2015）采取偶遇抽样的研究方法，对在穗外国人进行街头拦访式问卷，调查共发放900份问卷，回收有效问卷653份。调查结果表明，广州作为中国的重要城市在国际上享有较高知名度，且通过对比2009年杨凯的研究得出，近年来广州的国际知名度提升较快的结论。城市整体形象方面，80%以上的受访在穗外国人认为，广州的整体形象较好。关于城市形象定位，问卷调查受访者和访谈对象均对广州“现代化国际大都市”这一总体形象定位认同度较高，并把广州与莫斯科、圣保罗、吉隆坡等国家首都城市和釜山、洛杉矶、墨尔本等发达国家重要城市相提并论，与对广州城市总体形象的这一直观感受与有关城市国际化的实证研究结果大致吻合。

朱其静和陆林（2016）采用非结构化问卷访谈，以广交会为例，用开放式问题采访会展事中被访者对广州城市形象描述，并与会展事后网络文本数据形成相互补充，分析城市形象。访穗商务人士对广州旅游形象可以概括为9个维度属性，占比排名依次为环境、饮食、事件、交通、国际化、建筑、旅游、贸易、购物。“广交会”成为广州城市形象最为突出符号，美食最受商客关注，成为体现地方特性的标签。与观光休闲旅游者对广州形象感知结果对比，无论商务游客还是观光休闲游客都关注广州美食，“食在广州”深入人心，早茶最能代表广州美食，形象网络中，美食

与购物、旅游等活动紧密相关。但是广州作为海上丝绸之路的起点、南国明珠、近现代革命史迹的投射形象未受到旅游者的感知，除广州塔、珠江夜游、长隆、白云山外，凸显广州发展形象的新型旅游资源如岭南绿道、温泉等也未在商务人士中形成影响。从情感分析结果来看，商务旅游者比较满意的广州城市形象元素主要集中在：饕餮美食、绿化好、花城、优美的景色、气候温暖、适宜居住。负面情感特征主要集中在：交通拥挤、打车难、房价高、消费高、空气差、治安不好，广州城市交通成为商务旅游者关注且抱怨的重点，以拥挤、人多、车多为主要特征，创新警务运行机制，扭转广州治安现状，对提高广州形象至关重要。

邹蔚苓和尹佳林（2018）则通过深度访谈法和问卷调查法对在华非洲人（含短期到访和定居）进行了调查。访谈对象16位，涵盖非洲的埃塞俄比亚、赞比亚、博茨瓦纳等国家。访谈结果显示，受访非洲人获取广州信息的主要渠道为互联网和朋友介绍，气候则是选择广州定居的重要因素，其对广州印象的主要关键词是“美丽”且对广州美誉度评价较高。问卷调查中共计派发300份问卷，回收有效问卷119份。受访者来广州的主要目的是看中广州的商业机会（98人，82.35%），来广州出差（110人，92.44%）。有100人（84.03%）明确表示未来会再次来广州。除商业机会以及文化吸引外，促使非洲人来到广州的第三大原因是媒体报道。调查结果显示，约四成的受访者（50人，42.02%）是通过当地国家媒体或其他渠道的媒体了解（40人，80%），只有8.4%（10人）知道CCTV-1，5.88%（9人）知道CCTV-9这两个中国知名电视台。仅有0.84%（1人）听说过广东国际频道。整体而言，受访者对广州交通系统的便利以及在广州的安全氛围十分满意，但认为广州的空气质量较差，且对本地美食有所排斥，对于在广州获取外界信息、购物方便以及政府的行政效率方面满意度不高，另外，对广州市民的友好程度评价则仅处于中等水平，还有提升的空间。在受访非洲人当中，广州知名度最高的是“中国一线城市”以及“商业之城”“美食之城”“花城”“羊城”“一带一路引领城市”等在他们当中则没有很高的知晓度。

叶美彤（2018）采取线下文献分析、问卷发放、深度访谈相结合的研究方法，对来穗外国人对广州城市治安形象的感知情况进行分析。共发放226份问卷，有效问卷201份，研究发现广州总体给外国人留下较为安全的整体印象，并认为广州的治安环境相较于之前有着明显改善，有些外国人甚至持“中国是世界上最安全的国家”这一观点。但同时，调查也显示在穗外国人对广州城中村的治安感知满意度最低。深度访谈30位，大多认为广州城市交通治安问题依旧突出、城市执法人员工作形象有待提升、城市部分治安设施务须优化。

二、对国外学生群体的调查

徐洪（2018）采用一对一的半结构式访谈法，选取12名泰国、越南、印度尼西亚留学生进行访谈，发现广州现代化的商都城市形象、广州助于跨文化适应的“花城”自然形象突出；对广州的交通、治安、日常生活的公共服务形象印象较好，但对公共厕所的印象感知差异较大。留学生们对广州广府文化形象的感知较弱，对广州的整体文明形象感知偏负向，对广州宗教形象的感知不一，印度尼西亚华裔留学生对广州的感性依恋相对较高。留学生对广州的形象传播感知偏弱，媒体对留学生感知的广州城市形象助推作用有限，节事活动则能使广州城市形象感知更加生动。

昌敬惠和关颖（2018）采取分层抽样法，结合面对面调研的实体问卷与网络调研的电子问卷的方式，分析在穗外国留学生对广州城市感知及媒介使用习惯，共发放问卷980份，有效问卷973份。调查结果显示，77.1%的受访留学生认为广州给他们留下良好的印象，认为广州的国际知名度较高，且这种印象在来广州后有一定的提升；对广州的信息来源途径是否改变与受访者对广州国际知名度双侧显著相关，但根据调查结果，75.3%受访留学生表示在广州获取信息的媒体和之前没有任何改变，反映出针对留学生的媒体引导方面需要加强。

三、对国内群体的调查

刘照清和刘家珉（2010）针对广州本地居民以及游客展开问卷调查，共发放问卷1580份，回收1490份，有效问卷1469份，其中国外问卷有144份。研究显示，国内外被访者对问卷考察的项目服务满意度都较高。其中，国内游客对购物服务的满意度最高，国外游客满意度最高的是金融服务。国内、外游客满意度最低的都是治安服务，而医疗服务、交通服务、环保服务是国内外被访者满意度较低的后三名中的几项服务。

张蔚鸰和江金波（2017）收集了广州本地居民、外地居民和外地大学生三个群体，共619份对广州城市形象个性的感知数据。通过问卷开发与预调研，确定了27个广州城市形象个性特征词汇。研究发现本地居民与外地大学生、外地居民在很多词汇上存在显著差异，而外地大学生与外地居民间不存在有显著差异的词汇。其中本地居民对“美丽”评价最高，而城外群体无感；但本地居民却对“成功”无感，评价最低，城外群体评价颇高；城外群体对“友好的”很不认同，评价几近垫底，城里群体却不这么认为。在集合三个群体数据的基础上，又分析提炼了广州城市形象个性共四个维度：世界、开放、奋斗、和谐，但仅“开放”是三个群体间看法无显著差异的，而其他三个维度均存在显著差异，“和谐”可以认为是城外群体眼里的广州负面形象个性。

第三节　广州城市形象的重大活动传播研究

重大活动是进行城市形象集中宣传的绝佳场合，借助重大活动筹备、举办及活动延续的媒体关注度，活动举办地能够在短时间内与大量媒体接触，集中展现城市的美好风貌，极大地提高城市形象传播效能。运用重大

活动的媒体影响力进行城市形象的整合营销，实现城市形象资产的增值，是学者对重大活动传播效能的共同认识。广州是我国著名的会展之都，国际国内各类重大活动都非常青睐广州，重大活动中呈现的广州是其城市形象的重要组成部分。广州借助亚运会、广交会、《财富》全球论坛、迎春花市、国际灯光节、广州国际马拉松等活动，全方位高频展示广州政治稳定、经济发达、历史悠久、文化繁荣、环境整洁、秩序良好、市民文明的城市形象，尤其是作为岭南文化中心的城市内涵，以及科技创新新城的现代化城市风貌，融合成独具特色的活力城市形象。

一、亚运会呈现的广州城市形象

符莎莉、谭华和陈慧敏（2009）研究指出，广州应利用举办第十六届亚运会的机会，围绕着“激情盛会，和谐亚洲”的办会理念进行整合营销传播，通过品牌定位、品牌竞争战略选择、品牌沟通活动整合在一起，从而实现城市形象资产的增值，赢得目标消费者的认可。具体而言，在硬件建设方面广州应充分利用为迎接2010年亚运会的举办而进行的城市基础设施建设、市容环境以及体育场馆的改造与建设的契机，增强城市形象的区域竞争力；在软件方面，广州筹办、举办“和谐亚运、绿色亚运、文明亚运”的过程中，提升政府、企业、非营利组织机构、市民的形象和素质，通过“一流的市民素质、一流的公共秩序、一流的服务水平、一流的城乡环境、一流的社会风尚”迎接亚运会、服务亚运会、办好亚运会，促使城市的无形资产升值，从而提升城市形象。

邬心云（2010）以《广州日报》所有关于亚运的报道进行内容分析。研究数据显示这一时期《广州日报》的报道除了亚运赛事的筹办这一核心事件之外，过半数量的报道是关于广州社会各界迎亚运的活动以及广州的城市建设的外围事件。此外，关于参赛运动员的相关活动、亚运的历史和文化也是《广州日报》亚运报道的重要内容。另外，《广州日报》在策略上主动出击，与其他单位策划多种活动，扩大广州亚运的社会影响力，

同时策划各种新闻报道活动，提升新闻报道的质量，并在日常报道中合理安排广州亚运的有关信息，在新闻版面、文化娱乐版面、周刊等多种版面中全面铺开广州亚运的传播，把亚运传播渗透到各个领域的新闻报道活动中，展现了“祥和广州”的城市形象。94 篇报道中只有一篇批评性报道，其中客观性中立报道居多，为广州的城市形象传播创造了有利的舆论环境。

罗康荣（2011）指出，广州亚运会开、闭幕式等选取最具有岭南特色的文化、竞技、经济建设成果，以独特的手段、多元的角度，凝聚成岭南人文景观、南粤经济建设奇观和南国体育竞技奇观，提升了广州的城市形象，有助于城市形象的长远塑造和传播，境外媒体和国际综合类媒体对亚运会的关注，促进了广州城市文化、理念和形象的传播。另外，广州亚运会既展现了包括城市政治繁荣、环境整洁、秩序良好、市民文明等都是城市软形象，也传达了广州城市基础设施建设、市容市貌、城市运行和城市安全防范以及各项城市管理等城市硬形象。不仅如此，第十六届亚运会在广州举办，使相关的文化艺术活动也愈加丰富多彩，竞技比赛和文化活动动静结合，给广州市民带来了作为主人的自豪感。岭南文化和广州经济建设成就的宣传，提高了市民对广州城市形象的认同感。整体而言，体育健儿是跨文化传播的形象大使，通过李宁、刘翔、姚明等中国体育明星的宣传，促进了外国民众对中华文化的认识。武术、射箭、踢毽子、舞狮、舞龙等传统体育项目，以积极的姿态广泛参与世界范围的体育赛事，为中华文化的跨文化传播提供了载体。另外，开、闭幕式中的文化表演，蕴含了岭南文化的精髓，为跨文化传播提供了渠道和平台。

於贤德（2011）指出广州亚运会的组委会把中国传统文化、岭南地域特色、改革开放的时代精神和广州城市的精神气质，融合成为一个有机整体，在亚运会的宣传组织、礼仪程式、文艺表演、来宾接待等各个方面给予充分的体现，使得体育运动会成为展示广州城市形象的好机会。北京和广州在奥运会和亚运会在举办过程中，除了展示悠久的历史文化和强劲的发展活力、人民群众在改革开放的伟大时代所爆发出来的奋斗精神、创

新意识和科学态度之外，还把中国运动员尤其是北京和广州的运动员在历届奥运会、亚运会及各种国际体育比赛中的卓越表现进行适当的宣传，从而有效提升了城市形象传播。除此之外，广州亚运会的组织者和志愿者克服语言交流方面的困难，在一个以广州话为强势方言的城市，做到了真正超越自己，通过较为顺畅的语言沟通，让各国各地区的运动员、教练员、国际体育组织的官员和广大观众感受到广州的热情、温馨与美好。

吴志海（2011）以《人民日报》和日本共同社共同网中文版对亚运会的相关报道为研究对象，研究发现在对赛况报道的基础上，对于主办城市广州及其他协办城市也给予了一定的关注。尤其是《人民日报》借助亚运会的国际影响力，以赛事本身为切入点，在做好赛事报道的同时，较好地拓展了体育报道的外延，将体育与文化、经济、城市建设等结合起来，多元化、多角度的报道内容不但拓展了体育报道的含义，还一定程度地把体育与城市、国家发展相联系，向受众介绍了广州以及中国的繁荣发展和社会文明程度。

郭光华（2011）以2010年11月1日至12月5日，日本、韩国主要媒体和境外英语媒体对亚运会非体育赛事的报道为分析研究对象进行研究。此次亚运会外媒报道对于广州形象，从“城市外貌”到“城市性格”两方面做了全面的描写，极有利于广州形象的国际传播。从城市外貌来说，最具代表性的说法如《南华早报》称广州堪比新加坡，巴基斯坦《每日时报》则称赞“广州一直都是中国最重要的城市之一，处处凸显亚运氛围。街道两旁鲜花点缀，高楼林立，基础设施完善”。从城市性格来说，广州开放开明、包容大度、低调务实的品质得到多数媒体的认同。国外媒体对于广州亚运会的负面报道主要内容有：指责安保措施烦琐扰民，指出组织服务的不足和细节的错误，批评中国人的文明素质，攻击中国的民主问题，等等。总体而言，关于广州亚运会的“他说”中，虽然不乏负面的报道与歪曲的解读，但总体来看，其积极意义要远远大于消极影响。广州亚运会的成功说明：中国正在和平崛起的国际形象及中国中心城市的活力正逐渐为外媒所认同。

二、其他重大活动呈现的广州城市形象

广州是中国重要的国际活动聚集地之一，重大活动在吸引媒体聚焦方面有天然的优势，尤其是国际知名度较高以及较具城市特色的活动对城市国际形象的塑造贡献较大。

李薇（2017）在会展符号学视域下，对广交会与广州城市形象建设展开研究。指出在“文商结合、以文促商、官办民用、以客为本”理念指引下，以文化孵化平台产品，优化展会服务，落实“专业 + 智慧 + 绿色”广交会建设，可以文化引领会展业发展，以展会传承广州城市文化，用文化提升广交会的附加值和市场价值，使广交会与广州城市形象建设互利共生。

广州市人民政府新闻办公室与广州市社会科学院国际问题研究所（2019）针对广州 2017《财富》全球论坛外宣工作进行思考，发现论坛传播结合“开放与创新”主题，采用多种传播方式，深入展现广州的城市整体实力和竞争力：一方面，城市印象从传统的“千年商都”转向快速发展的“国际枢纽”，其中蕴含的“创新枢纽”“产能合作枢纽”“开放型经济”“对外开放门户枢纽”等丰富内涵向国际社会不断传递；另一方面，广州的历史底蕴、城市文化风貌以及未来发展潜力得到了全方位展示，对创新创业、智能制造等专题的深度传播报道更是彰显了广州的城市发展动力和无限活力。

冯乔（2015）以 2014 年广州国际灯光节为研究对象，指出利用公共艺术活动进行城市形象的事件营销，已成为世界各国改善城市形象和展示软实力的重要选择。广州国际灯光节通过光的艺术演绎来展示岭南文化个性和特色，形成一个独一无二的城市形象。其成功举办不但体现其公共性、艺术性、传播性等公共艺术特点，也凸显其整合各种资源的平台作用，有助于推动广州成为充满创新活力的国际化大都市。

周丽婵（2016）、王怡（2017）都围绕广州市城市马拉松开展研究。

周丽婵对2014年广州市解说文本进行解读，认为“城市马拉松已经成为政府进行城市形象营销的一个重要手段；国内主要城市马拉松直播是城市形象宣传片，其建构的城市形象主要包含与国际接轨的国际化都市形象以及地方性的特色形象”。广州国际马拉松线路穿越主城里的天河中央商务区、越秀核心产业功能提升区以及城市新中轴线高端服务业功能区、琶洲会展总部功能区，全面展现城市建设形象。同时主流媒介语境中的城市形象营销主要表达我国政府对空间的利益诉求，主要表现为政治利益诉求和经济利益诉求，即通过向国民传递“发展”的国家意识形态以及建构政府形象。王怡主要研究广马在运作过程中如何传播广州的城市形象。研究表明，广州市在2010年明确自身形象为“千年羊城，南国明珠”，目前广马的线路主要展现“一江（珠江）两岸”的风景，将现代化建筑与独具岭南特色的老城区风貌糅合在一起，展现着广州市形象。

刘婉敏和李娟（2017）以广州迎春花市为研究对象，从花市主题、宣传语、标志入手，探索花市对于广州形象构建的作用。整合显示，广州迎春花市主题为美丽花城，幸福广州；宣传口号为“广州过年，花城看花”以及“花城花市花海洋，迎春迎福迎吉祥”；标志形象的主要设计元素为木棉花，三个欢快的人托举起一朵硕大的木棉，象征着珠江边、朝阳下、花丛中，欢庆的人群托起广州的美丽和幸福。广州迎春花市是广州城市文化的一张亮丽的名片，展现了广州人民过年喜庆祥和、乐业融融的节日气氛，也体现了广州这座城市的繁荣昌盛、生生不息。

鲍雨等（2019）以2017年以来广州围绕“花城”主题开展的一系列城市形象传播作品为研究对象，探究其对于广州城市形象的建设作用。研究表明，2016年广州推出的“花城神曲”《发歌》以“千年商都美丽花城”为主题，融通“花”与“发”，取名为《发歌》，巧妙地连接起“花城”与“商都”的关系，表达在广州可实现“发展、发财、发达”的理念；《发歌》创作采用了“岭南民族风舞曲 + rap 说唱”的音乐风格，将广州建设国家历史文化名城、国际商贸中心、枢纽型网络城市的发展定位精心传递给世界；而广州重磅打造的“丝路花语”城市形象海内外传播

项目，国别选择覆盖亚洲、欧洲、美洲和非洲，形成完整的海丝“地图”，传达广州这一“千年商都”和“开放门户”的战略定位和发展机遇；《花开广州·盛放世界》城市形象宣传片则体现了广州在“一带一路”倡议的推动下积极践行“和平合作、开放包容、互学互鉴、互利共赢”的丝路精神。

第四节　广州城市形象的载体研究

城市形象的传播不是抽象的、单一的，而是蕴含在各种城市活动、事件、文化作品的传播中，经过长期积淀养成的。城市形象的研究离不开对各种内容载体的审视。各类文艺作品，通过艺术的方式呈现了岭南个性与风格，呈现出独具南国风情的城市形象；广州市内的各大公共设施建设则体现着广州宜居、绿色、和谐等建设理念；广州本土机构企业的国际交往一举一动，承载着广州的精神内核。文艺作品、城市景观和机构企业业务，是城市形象常态化、周期性的传播途径，源远不断地向国际社会传播繁荣、充满活力的开放创新广州形象。

一、文艺作品呈现的广州城市形象

电影电视作为重要的大众传播媒介，能够呈现较为丰富的城市形象。左艺芳（2016）利用文本分析的方法，梳理不同时期电视剧中的广州形象，考察电视剧是如何对广州形象进行呈现与建构。她指出1987年以前电视剧中主要呈现了广州兼容地域传统与现代生活的城市风貌，建构理念则重在体现广州的文明与进步；1988—1999年间广州在电视剧中是改革开放的前沿阵地，具有矛盾重重的现代都市形象，其建构理念也转变为以受众为导向；2000年至今广州形象的呈现兼顾新旧广州的双重形象，在

建构上出现了城市个性流失的问题，广州已经逐渐在叙事中淡出，仅仅作为一个容纳故事的媒介空间。这一时期广州形象在审美上的特点是注重展现符号化的都市景观。林琳（2017）以《外来媳妇本地郎》为研究对象，指出该剧的情景空间沿着“集中—综合—弥散”所进行的嬗变，正是凝缩着“广州”这一空间所承载的符号意义。“新广州人”的概念打破了传统老广州的固有定位，使得“广州”脱离了单纯的地理属性而承载了更多的符号意义。早期“外来”与“本地”的分歧也就是地缘与血缘的博弈，而随着实体的广州在经济上的不断发展、城市规模的不断扩大、文化上的更多融合，该剧以包括康家在内的诸多家庭所构成的社区作为新的符号空间，则是基于地缘差异基础上的新聚合，超越了血缘矛盾，指向着一种市民社会的生活图景。

文学作品通过文字表现力，能够使受众对城市形象建立丰富的联想。张欣是当代中国描写城市发展的重要作家之一，张凌远（2015）通过研究张欣各个时期的作品，指出张欣构建了一座焦虑的“浮华广州”形象：广州是一座富有现代气息的商业城市，它有着多重焦虑，也有着不屈不挠的奋斗；它有精致的一面，也隐藏黑暗的一面；它充满紧张与对立，也不乏温暖与正义。张欣将广州的某一方面与农村或他城的同一方面进行比较，凸显广州的不足与焦虑，并通过人物命运折射城与人共同面对的种种困境：城市人所面对的情感异化、梦想破灭与物质奴役的困境，实际上也是广州这座城市的困境——物质掌控的“浮华城市”是人与城畸形发展的苦果，也是人与城共同面临的最大困境。周会凌（2017）指出，长篇小说《三家巷》中对广州进行了全面而立体的描绘，以岭南文化为背景书写了广州都市日常生活中的人情、事理、风俗与民情，对广州各社会阶层的城市生活进行了立体展示，包括当时广州市民的日常生活、生产劳作、娱乐方式、节庆丧葬、礼仪婚俗，乃至饮食穿着、家长里短，无不生动翔实，特别是对于积淀了丰厚岭南区域文化的风俗民情进行了细致描摹，其浓厚的南方地域民俗色彩极具审美意义。小说中还有多处体现出岭南地域文化特色的俚语俗话和大量对于岭南特有风物的描写，展现出岭南

的风景与人文。整体而言，《三家巷》在以红色记忆建构史诗性宏大叙事的过程中呈现出独特的“广州形象”，展现出广州这一城市文化空间的红色革命史，又凸显出广州独特的城市文化形态与日常生活形态。

城市宣传片是城市视觉形象传播最直接的载体。刘舒珎（2012）以广州市政府于2010年广州市城市形象宣传片为例，探讨传播城市形象的策略和方法。在元素的选用上，广州市城市形象宣传片的内容包括“传统文化”“现代都市”“友好热情的广州人”三方面，而影片中几乎囊括了广州所有的代表性景点，让广州的传统与现代、人文与商业、自然与科技和谐地共鸣，呈现出多样化的城市景观形态。在素材的排列顺序上，导演根据“祥—洋—美”的顺序展开，“祥”的部分重点强调广州的文化底蕴与市民的文化生活，有利于丰富受众对广州“现代化城市”“中国的南大门”等单一描述，引导受众更全面地了解广州城市形象。而近因效应有利于巩固受众的记忆程度，“美”的部分安排在了影片的最后，景色之美与广州人的心灵之美交相呼应，从城市景观到市民素养全面展现了广州的形象，有利于强化影片的实际意义，促进广州旅游业的发展。总体而言，广州市的城市形象宣传片的宣传性质切合接受者的特征，也达到了不同受众群体之间期望效果的平衡。陈玉婷（2018）以2010—2017年广州城市宣传片为例，探讨其对城市文化形象的建构作用。研究指出，2015年的《广州，因你而生》从城市景观、美食文化、人文历史等方面展示广州的城市文化形象；2016年的《广州，欢迎您》以广州花城、水城、绿城等大画面为背景，彰显了广州低碳、智慧、幸福的城市形象；2017年的《花开广州，盛放世界》通过一系列的广州代表元素，充分表达了广州作为“千年商都、魅力花城、开放门户”的历史、现在与未来，将广州形象和文化推广到全世界。类比分析显示，《广州，因你而生》《广州欢迎您》和《花开广州，盛放世界》中通过展现商业文化景观和北京路、上下九等岭南文化的地标符号来体现广州源远流长的商贸文化，彰显了广州作为“千年商都”的独特文化形象；《广州，因你而生》《花开广州，盛放世界》中对木棉的多样化展现，突出了广州具有开放、包容、

有活力的“花城”形象。龚金红（2022）对近年来广州城市宣传片的内容主题进行分析发现，其一方面以历史文化类吸引物为依托，宣传推介广州的历史文化名城形象；另一方面则以都市环境和休闲娱乐类吸引物为基础来塑造“新广州”形象。在2019年广州城市形象宣传片《花开广州，汇聚全球》中，既有中山纪念堂、镇海楼、陈家祠、西关大屋、石室圣心大教堂等历史建筑，也有珠江新城现代都市风貌。2021年《花开广州，幸福绽放》围绕“幸福”这个核心主题，以“传统与时尚、创新与生活、坚守与未来”为内容主线，充分演绎了“老城市　新活力”的幸福交响。

除此之外，随着新传播媒介的发展，短视频逐渐成为互联网风口，其快速、高效、低成本的特点使得城市形象宣传进入新媒体领域。其中，抖音短视频平台作为国内的主流短视频平台之一，打造了多个与城市相关的话题。作为2021年抖音十大网红城市之一，广州在抖音发布的《2022年美好城市指数白皮书》位列第三，广州塔也在《2022抖音数据报告》中跻身十大最受欢迎“云游”景点。邓显宽（2021）运用案例分析法，选取TOP 200样本中具有代表性的广州城市形象短视频，分析呈现出广州城市形象四大符号载体为城市音乐、城市饮食、景色景观与科技设施，并从环境、经济、市民、政府、文化五大议题中提炼了抖音短视频展现出的城市形象。沙德芳（2021）基于抖音美食类短视频自媒体的分析显示，广州本土美食的相关短视频不仅是“粤菜”“早茶”等传统广府文化的进一步宣传，而且是“宵夜”“奶茶”“牛杂”“网红店”等广受年轻人追捧的“网红”美食与IP的流量来源，充分展现了广州本地的风土人情、社会生活、消费理念、地域特点。程瑜婷和王玉玮（2021）通过对抖音短视频中广州城市形象的传播现状与特征进行分析发现，短视频通过给予观看者更具新鲜感、个性化、趣味性的视听盛宴，打造了更加立体饱满、可观可感、有声有色的广州城市形象。研究显示，短视频平台丰富了广州城市形象传播的内容与主体，以日常化、趣味化、隐性化的宣传方式，创新了城市形象的多元符号和管理模式，打造了立体、亲民的全方位城市形象传播矩阵，从城市音乐、本地饮食、人文与自然景观、名人城市等方面入

手，丰富并塑造了“有血有肉”的广州城市形象。

二、公共设施景观呈现的广州城市形象

标志性建筑、历史文化街区蕴含着丰富的城市记忆，常常被作为城市形象设计，尤其是城市形象标志的重要元素，是城市形象视觉系统的重要组成部分。一些学者从广州历史街区、文化设施入手，研究其在城市形象塑造和传播中的功能。邓源、李竹芳和东美红（2016）通过对广州北京路商业街区城市记忆的梳理，研究如何通过建立街区形象让城市及其街区重新绽放活力。研究显示，北京路错综复杂的多样性正反映出广府的特点：多元与包容。具有广州建筑特点的满洲窗、骑楼是中西文化结合的产物，西点与中点共存的茶餐厅亦是不同生活方式的大融合，既不排斥各民族的优秀文化，当改革的浪潮来临时又毫不退缩。北京路形象建立的初衷是由普通的商业街区转型到以旅游体验为核心的商业街区，是一种积极的求变、向上的理念，也是北京路的精神和个性之一。黄敏意（2017）以广州金沙街区域形象设计为例，以实地调查法的方式开展研究，探讨了街道形象塑造对城市发展的重要性。金沙洲的最新规划定位为广佛都市圈的居住新城；当地传承古今的乐曲《雨打芭蕉》体现了人们对亲水宜居生活的向往、对悠然自得生活的追求。居住空间区域并不仅仅是一条道路，而是代表着一个有文化差异、有地域特色的区间，因此在某种程度上金沙街的区域形象也代表着广州的城市形象，是一种软性亲和的区域视觉形象植入，最能潜移默化的推广城市精神文明建设及提升城市魅力。

广州图书馆作为广州重要的文化传播场所，也得到一些学者的关注。谢燕洁和倪萍（2015）对都市图书馆案例展开对比分析，探究公共图书馆与城市形象之间的关系。其中，广州图书馆提供多样化的服务，在主题服务中，广州图书馆设立的每个文化馆或展区在展现广州形象、促进多元文化交流方面都各具特色。例如，多元文化馆收藏了世界各国各民族的各类文献，举办以多元文化为主题的各类文化交流活动；语言学习馆提供语

言学习资源借阅和语言培训服务，开展粤语培训促进新居民更快地融入这座城市、增强对广州的认同感和归属感。这些活动塑造着广州包容多元文化、富有人文关怀的城市形象。广州图书馆还通过特色馆藏来继承和传播城市的历史文化。比如，设立具有本土特色的广州人文馆，通过收集整理广州相关文献资源，保存和展示本土文化精华；在本馆及国际友好城市图书馆设立“广州之窗”图书专架，方便不同文化背景的读者了解广州概况；举办广绣等宣传广州文化的展览，传递着积极向上的广州形象。欧阳勇俊（2017）着重聚焦广州图书馆“广州之窗”城市形象推广厅，论述公共图书馆在城市形象推广中的关系与作用，指出公共图书馆作为城市的重要文化设施，对凝聚城市文化、塑造城市文化形象发挥着重要的作用。2015 年起，该推介厅共举办活动 18 期，配套展览 18 场，吸引了近 2000 名海内外读者参与活动，参观人数超过 5 万人次，为广州城市形象和城市文化的推广起到积极的作用。以 2015 年 1 月 19 日“我向世界推介广州”创意征集活动的颁奖暨广州城市形象片、洋眼看广州书籍首发仪式为例，活动上中外友人通过歌曲、图片、短文、绘画等，展现广州之美，抒发对羊城之爱；广州城市形象宣传片发布，凝练了广州城市经济发展、人居环境、历史底蕴、文化传承、人文关怀；最后《洋眼看广州》书籍首发，通过外国人的眼睛领略独特的羊城之美；“广州味道”系列活动则涵盖广州民俗年俗、饮食文化、商都经济、民间工艺和岭南等主题，从不同角度全方位展现广州的城市魅力。

三、机构企业宣传中的广州城市形象

城市形象与机构企业品牌同样密切相关。一方面，好的城市形象能够为企业品牌的发展提供平台和资源，好的机构与企业品牌又能成为城市形象的符号，其品牌宣传亦能助力城市形象的塑造。

王大可和李本乾（2020）基于内容分析法构建了广州城市形象框架，结果显示广汽集团、富力地产、广州白云山、南方航空等本土企业受到国

内外重点关注，体现了广州强劲的工业实力。广汽集团作为广东省内首家在境外上市的汽车领军企业，是广州汽车产业的“领头羊”。蒋丽（2022）针对广汽集团的研究显示，基于培育世界级汽车制造业的重要目标，广汽集团前瞻布局。把握汽车“新四化”趋势，以“物科技、不广汽”推动广州汽车产业从以传统汽车制造为主向以新能源与智能网联汽车为主的先进制造业进行转变，助力广州塑造先进制造业强市标杆。越秀集团作为广州市资产规模最大的国有集团之一，是支撑广州开拓进取、勇立潮头、在全国率先唱响“高质量发展”前奏的主力军和排头兵，其用实际行动把企业的品牌融入了羊城的文化血液和城市记忆。广州市国资委（2022）发布的国资报告显示，越秀集团以提升整体资源配置效率为目标，在做大做强主页的基础上持续开辟新赛道，通过一系列资源整合纵深发展其食品板块相关产业，形成“从田间到餐桌”的食品全产业链，服务大湾区城市运营的核心能力逐渐凸显，彰显广州粤港澳大湾区区域发展核心引擎的国际大都市形象。陈建和王智利（2021）以广府饮食为研究对象，探讨饮食文化对城市形象的研究显示，广州酒家、陶陶居、莲香楼等传统粤式餐饮都是“食在广州”这一形象标签的重要贡献者。王骏楷（2015）以广州足球俱乐部为研究对象，探讨其对广州城市形象的传播作用。研究表明，足球俱乐部对广州市足球氛围的营造有着突出贡献，他们所散发出的精神气质也与这座城市的广府文化相辅相成。岭南文化以开放包容为最大特质，不会被固有思想束缚，有敢于破旧迎新和接纳海外的新文化的决心。广州球迷的表现具有强烈的南粤色彩，球迷文化与城市形象相辅相成，热情、开放、理智都是广州球迷显著的特征，也彰显着广州的城市形象。

与此同时，阿里巴巴集团、腾讯控股等互联网公司与广汽丰田等知名企业的热度也在不断上升，有力促进广州在国际舞台的形象从工业制造转变为科技创造，同时塑造并传播国家创新中心城市与国际创新枢纽的崭新城市形象。

第四章 主流媒体报道呈现的广州城市形象

在信息时代，主流媒体是新闻信息最集中的生产者，是传递城市形象的主要媒介。我国各类重大活动的新闻播发，主要由国内新华社、《人民日报》等主流媒体供稿，向境外媒体推送。主流媒体掌握了中国城市信息向国际社会输出的主通道，在国际社会中传播的城市形象的建立很大程度上是以主流媒体为来源的。近年来，广州重大外宣活动，如《财富》全球论坛的海外路演、广州故事会等都大量采用与人民日报社、新华社、亚洲网合作的形式加强国际传播。因此，主流媒体笔下的广州城市形象影响力最为广泛，是研究广州城市形象的最重要的数据来源。

第一节　研究意义与研究方法

城市形象是国家形象的组成部分，城市形象构建应置身于国家外宣大局中考量。人民日报作为外媒关注的首要国家级媒体，其报道倾注了国家意志和发展布局，对于准确把握广州城市形象有较强的指导意义。本章以改革开放以来《人民日报》头版涉穗报道数据为基础，提炼分析主流媒体呈现的广州城市元素，勾勒国家媒体宏观视角下的广州城市形象。

一、媒介呈现城市形象研究意义及现状

城市形象作为城市精神价值及城市魅力的独特载体，对外彰显城市的影响力与辐射力，输出城市文化，提升所属国家和民族软实力；对内则以一种标签化的方式凝聚城市公众，积聚认同感和归属感，凝聚在城市建设及发展上的共识与合力。特别是在现今全球城市竞争加剧的背景下，城市形象作为城市的独特标签，更是保证城市实现差异化发展而不至于陷入亦步亦趋的关键。

媒体报道是形塑城市形象的重要媒介和方式，其作用也不容忽视。在媒介化社会，大众媒介所构建的关于城市形象的拟态环境，往往正是人们认知现实城市的重要参照，这种相互依存关系随着社会媒介化程度的深化而越发紧密。因而从媒体视角所展开的关于城市形象的研究，对于现实中城市形象的维护及提升更具指导意义。

当前国内关于城市媒介形象的研究，已经成为学界重点关注的内容之一，相关领域也诞生了诸多研究成果。具体来看，绝大多数学者主要从媒体上的内容呈现出发对城市形象进行解读，并在此基础上对城市形象的时间流变或不同媒介的城市形象塑造差异展开深入探析，提出未来城市形象

的对外传播策略。比如潘霁对2013—2017年间全球主流英语媒体与中文媒体有关澳门的报道框架加以分析后发现，西方媒体重在将澳门塑造为全球金融投资和休闲娱乐目的地，中文媒体则更多将其刻画为居民安享本地美食休闲的日常生活之所，并以此揭示了“全球化环境中媒体与城市本地生活语言的接近度会改变其对城市形象的呈现”。高金萍和王纪澎则通过对2008年北京奥运之后近8年国外主流媒体关于北京的报道为研究对象，强调在后奥运时代政府应通过传播内容、传播者素养、传播方式等方面积极塑造北京的全球城市形象。随着互联网及社交媒体的不断发展，不少学者也将研究目光转移至新兴的媒体形态，比如学者接丹丹便针对短视频的传播形态及规律提出了城市形象传播的GHOST（鬼才）策略，即“政府官方背书、跟随舆论热点、优质原创内容、专业服务外包、全方位传播矩阵策略”，凸显了新兴媒体与传统媒体在城市形象传播方式上的诸多差异。

总体而言，当前国内关于城市媒介形象的研究，仍主要以定性研究为主，缺乏实证数据上的支撑，而这也就导致不少学者在城市形象传播策略的提出上往往显得千篇一律，难以凸显城市自身发展所具有的特殊性。同时，随着粤港澳大湾区的建设及发展，广州作为中心城市的核心地位将更为凸显，如何助力广州在新时代机遇下有效提升其城市形象及城市魅力显得尤为迫切。但当前学界关于广州城市形象传播的关注相比北京、上海等城市仍稍显不足，这同时也构成本研究的研究意义所在。

二、《人民日报》呈现中国城市形象的重要意义

《人民日报》是当今中国最具权威性和影响力、发行量第一大的综合性报纸，在国内大众传媒中具有极为显著和重要的地位。一是作为中国共产党中央委员会机关报，在报道上立足全局，客观公正，在权威性、真实性、时效性、全面性等诸多方面均具有明显优势。因而基于《人民日报》的相关报道对城市形象加以解读，往往能够更为客观真实的反映城市风貌而不至于被地方性的因素所干扰。二是《人民日报》的党报性质决定了

其报道中所呈现出的城市形象，往往也集中体现了政府在城市规划、城市定位、发展理念、发展方向上的思路和想法，特别是政府在当前的城市形象塑造中依然占据着主体地位，因而以此出发所展开的研究及发展对策也更能够与现实情况相契合，并在落地性和可操作性上具备更多的实现空间。三是《人民日报》常常被作为中共中央向外界表达对中国大陆和世界大事的观点与角度的宣传工具，受到国内外政情观察家的大量关注。因此《人民日报》的头版对城市的报道，更是国际社会观察和形成对特定城市形象的重要渠道。

当前已有不少学者以《人民日报》相关报道为研究样本对城市形象加以探析，比如黄俊便依托扎根理论和大数据分析方法对70年来《人民日报》头版涉渝报道展开分析后发现，主流媒体在重庆城市媒介形象的构建上呈现出了从革命激情之城，工业建设之城，到新兴腾飞之城、再到充满期待的希望之城的演变历程。陈熙则通过对2010—2016年《人民日报》有关武汉的新闻报道的报道数量、报道体裁、新闻来源、新闻主题、新闻倾向等五方面的内容加以梳理后发现，《人民日报》呈现的武汉媒介形象与武汉在中国的城市综合竞争力有着紧密的关系。张丽杰则运用框架理论对2007年以来《人民日报》与《安徽日报》这两份党媒报刊如何报道合肥的政治、经济、创新、文化等方面加以探究。除了聚焦于《人民日报》在国内的影响力外，一部分学者也放眼国际，重点关注《人民日报》（海外版）作为对外媒体代表的权威地位。比如学者赵文丹便基于对《人民日报》（海外版）对沪、津、渝三市的报道具体探析对外媒体关注度与城市国际影响力的关系。

不难发现，《人民日报》在城市形象塑造与传播上所具有的作用得到了学界的广泛认同。但围绕具体城市上看，当前与广州相关的研究仍十分缺乏，其城市媒介形象经历了何种嬗变也无从得知。鉴于此，本文拟以1978年改革开放作为本研究的重要时间节点，具体梳理40多年来《人民日报》头版涉穗报道以深入探析作为改革开放前沿的广州，其城市媒介形象在改革开放这40多年里经历了何种演变历程，呈现出什么样的变化规律，并以此为未来广州城市形象传播提供相应的发展思路与建议。

三、《人民日报》眼中广州城市形象的研究方法及样本选取

本章综合采用内容分析法、大数据分析法和归纳法等三种研究方法系统的梳理及呈现改革开放以来《人民日报》头版关于广州的报道情况变化及广州城市形象变迁。大数据分析法是对《人民日报》涉穗报道抽取的数据样本进行梳理与统计，内容分析法主要是对报道内容进行阅读与分析，归纳法则是对涉穗报道的新闻内容进行归纳，总结主流媒体中广州城市形象变迁过程并提炼出较为稳定的城市形象特征。

在样本选取上以人民日报图文数据库（1946—2019）作为样本采集对象，以文章正文包含“广州”作为关键词，报纸版次为1（头版）进行检索，选定时间段为1978年1月1日—2018年12月31日内所有的头版新闻报道作为本次研究的对象。考虑到以文章正文包含“广州”作为关键词进行检索可能存在相关报道只是进行简单提及而并未专门针对广州进行报道的情况，本研究在所抽取的新闻报道的基础上进行人工筛查，将与广州无关的新闻报道一一予以剔除，最终共获得1978—2018年《人民日报》头版涉及广州的报道文章3012篇。各年份《人民日报》头版涉穗报道数据分布情况如表4－1所示。

表4－1　1978—2018年《人民日报》头版涉穗报道数量统计

年份	篇数	年份	篇数	年份	篇数	年份	篇数	年份	篇数	年份	篇数
1978	38	1985	105	1992	144	1999	51	2006	50	2013	52
1979	48	1986	130	1993	106	2000	55	2007	55	2014	40
1980	97	1987	127	1994	101	2001	63	2008	51	2015	32
1981	81	1988	100	1995	82	2002	44	2009	71	2016	33
1982	85	1989	76	1996	71	2003	62	2010	80	2017	43
1983	77	1990	105	1997	74	2004	47	2011	73	2018	52
1984	75	1991	133	1998	84	2005	47	2012	72		

第二节　改革开放以来广州城市报道概览

一、报道量变化情况

1978—2018 年《人民日报》头版涉穗报道总量 3012 条，年报道量在几十至一百多篇之间波动，大约每周都会出现涉及广州的报道。1978—1992 年间涉穗报道振荡攀升，至 1992 年达到顶峰；随后受到《人民日报》风格转变、版面总量增加、头版报道量减少等外部因素的影响，报道总体数量呈波动减少的趋势。

在观测期内，《人民日报》头版涉穗报道量形成若干个小波峰，分别位于 1980、1986、1992、1998、2010 年。具体来看，改革开放伊始，新中国迎来又一波建交和国事访问潮，对外贸易也快速起步。广州作为中国当时为数不多的国际航班通航点和广交会的所在地，天然成为展现国家改革开放决心和成绩的窗口，在改革开放重大举措和历史事件的报道中多有提及，到 1980 年随着改革开放战略的全面实施而达到第一个报道高峰。例如，意大利共产党代表团、泰国国会代表团、新加坡时任总理李光耀、西班牙共产党代表团等外国代表团来华进行访问交流时，均在广州出入境、停留并进行参观访问，带动了广州在中央媒体中的提及率。又如国家将负责承办广交会的中国出口商品陈列馆机关转企改制，于 1980 年 1 月 1 日正式成立中国广州对外贸易中心的重大举措，并带动了一批广州对外贸易迅猛发展的报道，如“广州第七染织厂出口产品大增”“广州闹钟畅销五十多个国家和地区”等。

到 1986 年时，经济体制改革的法律、政策制度框架基本确立，改革开放进入“有计划的商品经济”阶段，以充分发挥企业活力为指导思想的城市经济体制改革日益受到关注。广州作为改革开放的前沿城市，有力实施了一大批支持经济体制改革的举措，成为全国改革开放的报道典型，催生了涉穗报道的第二个高峰。这一时期《人民日报》头版关于广州的报道，重点聚焦于与经济相关的法律、金融、投资环境等领域，“纠正不正之风打击经济犯罪活动不会影响对外开放”“五个金融体制改革城市资金市场活跃”“发展商品经济必须‘两个配套’”“广州整治运输发展横向水陆‘一条龙’联运货畅其流”等报道，配合中央有效彰显了改革开放的经济建设发展成果。

1992 年《人民日报》头版关于广州的报道量骤增并达到历史报道数量的最高点，这背后离不开邓小平南方谈话及党的十四大的召开所起到的重大推动作用。从改革开放至 1988 年以来我国经济经历了一个连续加速发展的时期。自邓小平南方谈话及党的十四大召开，进一步坚定了改革开放的决心及提出建立社会主义市场经济体制之后，作为改革开放前沿的广州也再次捕捉到了发展的信息，并在此机遇下实现了经济的飞跃发展。从《人民日报》头版关于广州“加快建设社会主义市场经济体制”“广州轻工产品旺销势头不减”“广东与内地经济合作成新格局”等报道均可反映出广州在邓小平南方谈话及党的十四大之后所呈现出的鲜活的发展动力。

而 1998 年及 2010 年《人民日报》头版关于广州的报道量分别出现的两个小高峰，则与当年所发生的特殊事件有着较大关联。1998 年由于气候异常等原因，长江发生了自 1954 年以来的又一次全流域性大洪水，江西、湖南、湖北等地均受灾严重。原广州军区紧急增援并连夜开赴抗洪抢险第一线，此举获得了《人民日报》等媒体的大力赞扬并在头版中进行了系列报道。而 2010 年所呈现的报道小高峰，则主要围绕广州亚运会来展开进行。诸如“亚运盛会：羊城准备好了”“第十六届亚洲运动会在广州隆重开幕”“激情盛会　升腾希望”等报道均可看出《人民日报》头版对广州亚运会的关注与聚焦。同时，围绕亚运会相关的安保工作、领导人活动、环境工作等报道也增加了广州在媒体中的曝光率，并助推着广州在头版报道中数量的提升。

二、报道主题变化趋势

依据党的十八大所提出的经济建设、政治建设、文化建设、社会建设和生态文明建设“五位一体”的中国特色社会主义建设总体布局，本章将《人民日报》头版关于广州的报道主题框架划分为经济、政治、文化、社会、生态等五大类，进一步进行内容分析。

41 年间，经济、政治主题的报道比重呈现了明显下降，且降幅持续扩大。尤其是 2010 年以来，经济、政治主题的报道比重合计占比不及 50% 。与此同时，文化、社会等主题报道比重则在改革开放的 41 年里不断增加，在 2010 年后其更是呈现出了快速的上升姿态。生态主题报道也在 41 年间稳步攀升，关注度有所增加。到 2010—2018 年时，政治、文化主题成为涉穗报道的主要内容，相较于 40 年前经济、政治占绝大比重的情况，当前报道更为全面、均衡。(见图 4－1)

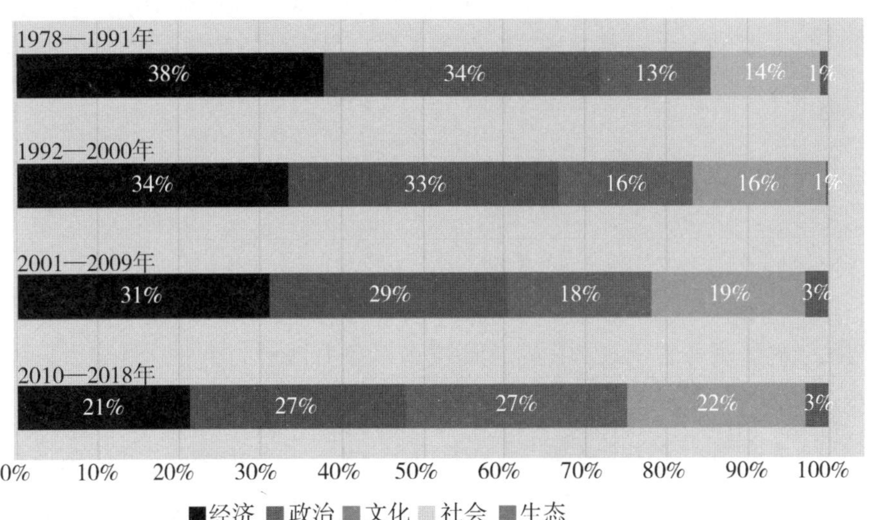

图 4－1　1978—2018 年，《人民日报》头版涉穗报道分主题比重变化

究其原因，与广州率先落实国家各时期发展重点任务，对接自身工作亮点，形成了主题时代特征鲜明的新闻点。改革开放早期，《人民日报》重点向世界传达中国改革开放的决心和经济体制改革的路径举措，建立世界对中国特色社会主义的认识和加强经济贸易联系的信心。广州凭借广交会为国际社会广泛熟知，加之成效卓著的经济改革和建设举措，使广州经济主题报道成为《人民日报》常用的新闻点。例如，广州国营商业参与议价市场竞争、发展外向型农村经济、推进工业企业承包责任制等报道，大大彰显了广州作为改革开放前沿的活力与动力，也是自 1978 年至 2009 年与经济主题相关的报道一直占据主体地位的重要原因。随着经济发展水平的不断提高和改革开放成果的积累，国家越来越侧重全方位地塑造大国形象。党的十八大对推进中国特色社会主义事业做出了“五位一体”总体布局。在发展过程中，广州始终坚持以人民为中心的发展思想，加强社会建设、改善各项基础设施、做实做好民生工作等，不断增强人民群众在发展中的获得感、幸福感、安全感，在政府工作中长期把“菜篮子”工程、“十件民生实事”、公共文化服务等摆在重要位置，作为凸显民众共享发展“红利”的典型举措，获得《人民日报》的持续关注，使得 21 世纪以来文化、社会相关主题的报道比重快速提升。

三、报道对象分布情况

在《人民日报》头版的涉穗报道主要围绕机构主体、领导人和不特定民众群体展开，出现频次最多的报道对象有政府、企业、领导人、群众、军队这五大类。（见图 4－2）

政府行为的关注度最高，政府举措广泛出现在政治建设、重大项目和基础设施建设、社会民生和文化供给等各类题材报道中。对企业行为的报道仅次于政府排名第二，主要活跃在外经贸、市场供给和创新题材等报道中，折射出广州作为商贸名城在经济发展上的显著优势。值得注意的是，对军队的报道篇数也较多，达 200 篇，这与原广州军区在军事建设、抢险

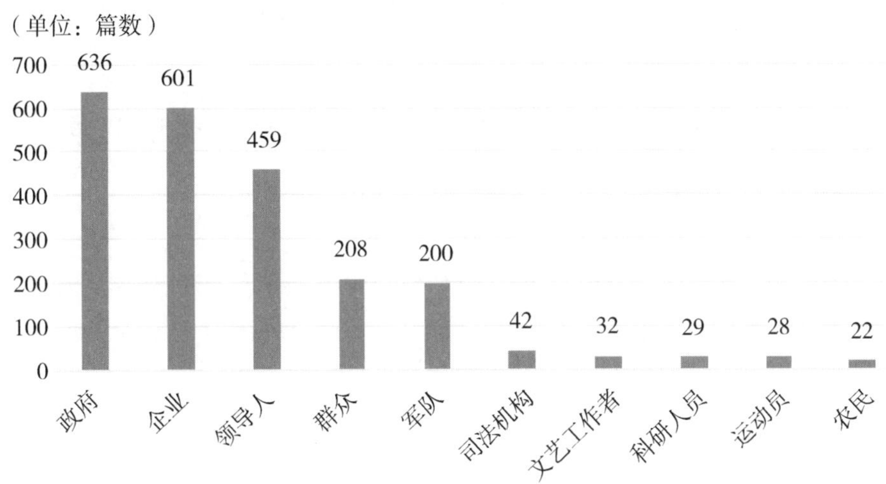

图 4－2　1978—2018 年，《人民日报》头版涉穗报道排名前十的报道对象

救灾、外事访问、思想建设等的活动密切相关，其中 1998 年的抗洪救灾、2008 年的雪灾、汶川地震等突发事件报道均大量出现了原广州军区的身影。单个主体中，对广州铁路局的工作动态报道较多。广州铁路局管辖广东、湖南、海南三省境内铁路，职责地域是中国经济最发达、人口流入最多的地区之一，担负着客流、物流输送的艰巨任务。广州铁路局在铁路线网建设、运行技术升级、加强特殊时期运力及应急保障等方面受到媒体的集中关注。比如“贵广铁路提前一年打通入粤难关”“贵广高铁，山海相连”等报道均体现了广州铁路局在铁路联通上的推动与努力；每年春运及各大节假日广州火车站所面临的客流高峰，均给广州铁路局带来了不小的压力和挑战，相关客流人次及人流量的报道也常见诸每年的报道之中。除政府、企业、领导人、群众、军队这五大主体所构成的第一梯队之外，第二梯队的主体则显得更为多元均衡，其中司法机构、文艺工作者、科研人员、运动员、农民这五类主体进入前十，折射出广州所具有的多元包容的城市特色。

第三节 《人民日报》报道呈现出的广州城市形象

各个历史阶段广州在《人民日报》报道中的形象各有侧重，但从整体上看，一些城市元素始终在报道中反复出现，持续强化了社会对广州城市特征的印象。

一、继往开来的商贸中心

广州是中国唯一一座两千年不衰的通商口岸。改革开放以来，广州进一步擦亮“千年商都”的品牌，在商贸领域走在全国前列，一系列创新举措和成就成为《人民日报》报道的重点。

一是对外贸易的窗口。继续发挥广州的商贸基因，中国外贸第一促进平台的广交会（全称为中国进出口商品交易会）在穗落户，1957 年开展以来从未间断，使广州成为国际社会观察新中国对外贸易的重要窗口。广州城市的商贸特质与广交会发展相伴相生，在改革开放的大好机遇推动下，保持着生生不息的活力与动力。梳理《人民日报》头版报道中，“广交会”这一关键词在绝大多数年份均有出现，从 1980 年关于“春季广交会开幕”的报道，到 2018 年“第 124 届广交会开幕”“广交会到会采购商与成交额实现双增长”的报道，几乎每年都有针对广交会发展动态的报道，不难看出广交会在广州商贸之都形象树立中的贡献。（见表 4－2）

表4－2　1978—2018年《人民日报》头版针对广交会报道量统计

年份	篇数	年份	篇数	年份	篇数	年份	篇数	年份	篇数	年份	篇数
1978	0	1985	1	1992	2	1999	1	2006	3	2013	4
1979	0	1986	5	1993	4	2000	2	2007	2	2014	0
1980	1	1987	4	1994	3	2001	3	2008	2	2015	1
1981	0	1988	3	1995	1	2002	0	2009	1	2016	2
1982	0	1989	3	1996	2	2003	3	2010	0	2017	1
1983	2	1990	3	1997	0	2004	2	2011	1	2018	3
1984	3	1991	4	1998	0	2005	1	2012	0		

通过广州窗口，国际社会观察到广交会引领的改革开放先行先试政策及其营造的良好营商环境，不断提振对中国市场的信心。在20世纪80—90年代，广交会是中国改革开放政策的风向标，也是国家领导人与港澳台及海外友好人士非正式接洽，向国际社会释放国家开放友好发展的信号的重要平台。《人民日报》侧重报道广交会率先执行的各项外贸改革开放政策，这些政策大多从广州走向全国。1988年《人民日报》点评第63届广交会，称其“打响了外贸体制深化改革的第一炮”。1986年时任总理、1991—1992年时任总理、副总理分别前往广州会见参加广交会的港澳台知名人士。马绍尔群岛总统卡布阿业曾于1986年以私人身份访华，参观广交会并访问了广州市。20世纪90年代后，外国客商数量持续大幅上升，广州成为展现中国改革开放成绩的重要窗口，广交会外国贸易代表团必然在穗考察领略我国改革开放和经济建设的成就。

进入21世纪，广交会更成为中国经济重心、社会发展的晴雨表。《人民日报》报道2000年第87届广交会，强调“高新技术产品和高附加值产品占相当的比重”；2003年1月4日《人民日报》第1版报道广州国际会展中心首期工程建成投入使用（见图4－3）；2005年第97届广交会“优化了参展企业结构，首次设立企业准入资质硬性标准，参展商数量首次减少，但品牌展位增多”；2007年第101届广交会“首次设立进口展区”，都是向国际社会传递了中国产业转型升级、深化改革开放的决心和

举措。“非典”时期，《人民日报》报道2003年第93届广交会特别指出“迄今为止没有一个客商和工作人员感染非典型肺炎”，有力化解了国际社会对中国公共卫生危机的担忧。

图4－3　2003年1月4日，《人民日报》第1版报道广州国际会展中心首期工程建成投入使用

二是商贸业领先全国。改革开放进一步激活了广州的商贸基因，广州人以敏锐的市场嗅觉、灵活的经商头脑、积极的工作态度，在改革开放的大潮中闯出一片天地。40年来，广州商贸业规模不断扩大，商贸经营举措不断创新，营商环境不断完善，成为中国商品经济最发达的地区之一，国际商贸中心品牌牢牢地印在广州城市形象上。20世纪80—90年代，在改革开放政策刺激下，广州商贸业呈现井喷式的发展。1984年广州市工商行政管理部门办理国营和集体发展第三产业的营业执照3400多个，平均每天有近10家店铺开张营业。广州市第三产业占国内生产总值的比重在全国十大城市中率先达到50%。截至1992年底，广州市从事第三产业

的独立核算单位和单独核算单位 5.28 万个，个体户 11.29 万个。广州成为全国商贸业发展的标杆，从 80 年代的“广州文明售货”，到 90 年代以出租车“扬手即停”“计程收费”“二十四小时无线电召唤服务”为代表的全方位服务理念，再到 2018 年广州开发区“建成一门受理、限时办结、公平透明的政策兑现系统”“全力打造营商环境改革创新试验区”，广州商贸市场化的创新举措，一经《人民日报》报道，成为全国看齐的风尚。潮流语“到南方‘下海’去”指的就是到以广州为代表的南方寻找商机。20 世纪 90 年代起，在商贸业规模化和广交会的共同作用下，广州各类批发市场林立，会展业蓬勃兴起，使广州成为全国资源交易、会展经济的中心地。从 90 年代的南方食糖批发市场、南方石化物资交易中心乃至 2013 年广州碳排放权交易所的成立、2018 年跨境电商业务量领跑全国，每个时期广州都走在商贸市场需求的最前沿。1993 年“九三国内旅游交易会”，1995 年国际旅游展销会、全国汽车展销会，2000 年国际邮票钱币博览会，2001 年广州博览会，都发展至今成为广州会展品牌。

二、开放包容的交流门户

对外开放的基本国策与开放包容的岭南文化积淀相融合，造就了广州这一活力满满的对外交流门户。

一是外向型经济催生交往需求。外向型经济带来的经贸交往是广州对外交流的主推手，广州从在 1986 年确立“以外经外贸为先导”的外向型经济发展战略，对外经贸交流与合作率先繁荣起来，受到国际关注。改革开放前十年，“以学术交流、合作科研等形式聘请来广东工作的港澳和外国专家 330 多人，随引进设备前来工作的专家 4000 多人”，大部分分布在广州；“广州市经济技术开发区外贸出口平均每年以 57% 左右的速度增长”；1988 年广州全市出口总额为 10.77 亿美元，约 1978 年的 10 倍；“1990 年与 1985 年相比，出口港澳的商品数额增长 350%，出口欧洲增长 326%，出口亚洲增长 234%，出口美洲增长 19%。出口商品价值超过 100

万美元的国家和地区由 17 个增至 28 个”。广州率先提出开拓远洋市场、迈向国外办企业的思路，到 1991 年时“已在境外办企业 101 家”。进入 21 世纪，广州加强城市管理服务建设，“城市面貌改善、功能完善，市民精神振奋、素质提高。文明良好的城市环境吸引着每年 30 亿美元的外商投资”，广州“坚持实行对外开放、提高利用外资质量”，“在投资商眼中，花城广州热度不减”，“2016 年华南美国商会对 246 家企业调查表明，近六成受访企业愿将华南地区运营总部设在广州，较前年提升 4 个百分点”，富士康“第 10.5 代线 8K 显示器”项目、思科（广州）智慧城等高技术产业项目越来越钟情广州，“广州开放攀上新高度”。

二是广州成为越来越重要的国际会议目的地。凭借产业领先、教育中心、交通枢纽等综合性优势，广州始终是中国国际会议的主要目的地城市之一，在广州召开的领先学科的学术交流会议、全国性的经贸交流会议、国际高端论坛等，多见诸《人民日报》头版。改革开放前期，对学术论坛、投资贸易促进会等报道为多，如纤维素化学学术会议、首届国际眼科会议、全国发展高产优质高效农业经验交流会等，中国投资促进会议多次在广州召开。21 世纪后，广州积极扶持会展、会议产业转型升级，构建“会”“展”“奖”“节”四位一体的国际交流平台，打造对外开放新格局。更多具有国际影响力的高端论坛选址广州，国际政界、商界、研究界、媒体界等业界人士齐聚广州，发出广州声音，回应全球重大关切，进一步发挥广州在国际社会的影响力。广州与世界大都市协会、世界城市与地方政府联合会共同发起设立“广州国际城市创新奖”并召开“广州国际城市创新大会”，树立起城市治理创新领域重要的国际活动品牌。

时任国家领导人以各种形式对高端论坛活动表达关注，受到《人民日报》的重点报道。例如，时任国家领导人出席 2010 年第六届两岸经贸文化论坛、2011 年第 110 届中国进出口商品交易会开幕式暨中国加入世界经济贸易组织十周年论坛、广州《财富》全球论坛、2018 从都国际论坛等活动，以及 2017 年习近平主席会见出席“2017 从都国际论坛”外方嘉宾；2017 年习近平主席向广州《财富》全球论坛、中国与葡萄牙语国家最高法院院长会议等多场高端论坛致贺信；等等。落户国际会议级别的不断升级，不仅反映出广州国际会议市场的繁荣，更体现了广州在国际交流交往中的中心吸引力、号召力。（见图4－4）

图4－4　2011年12月11日，《人民日报》第1版刊登广州城市景观

在《人民日报》笔下，广州作为区域协调发展的领头羊形象凸显。作为国家中心城市和广东省的省会，广州在领衔区域合作、推动区域协调发展方面担负着重要的主力角色。2003年“珠江水系9省（区）计委主任聚首广州，酝酿共建‘泛珠三角经济区’，拉开了广东拓展经济腹地的序幕”。泛珠三角区域经贸合作洽谈会、泛珠三角区域的九省区工商行政管理部门高层联席会议、泛珠三角区域合作与发展论坛等一系列“泛珠”重要活动在广州举行，“9＋2”的区域合作框架在广州诞生，“力促市场一体化”“推动大珠三角经济快速起跑”。《人民日报》还配图报道广州南沙新区城市规划，评论其为珠三角“改革开放新地标”。（见图4－5）

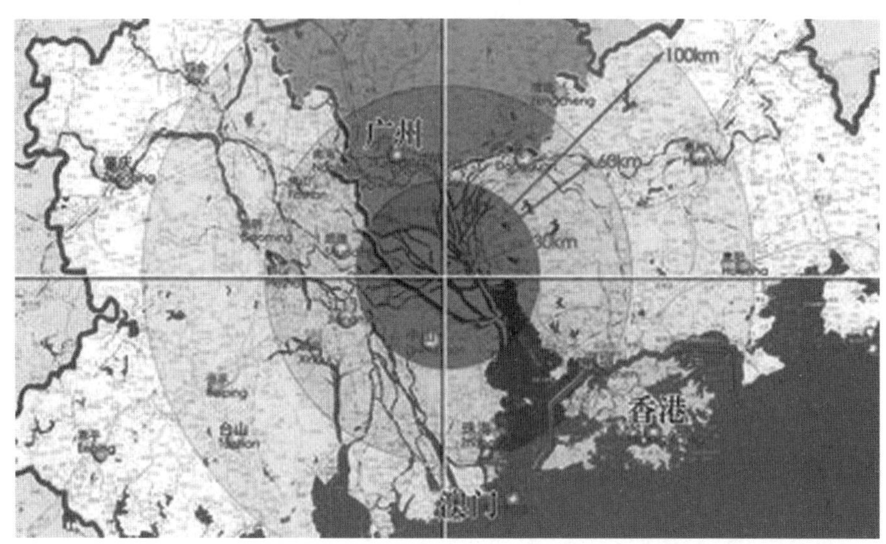

图4－5　2013年2月22日，《人民日报》第1版刊登广州南沙新区区位示意

2016年，国务院《关于深化泛珠三角区域合作的指导意见》提出携手港澳共同打造粤港澳大湾区、建设世界级城市群，广州接受了更为艰巨的区域协调发展责任。作为粤港澳大湾区的中心城市之一，广州深度参与大湾区合作，促进人才、创新等要素自由流动的重要举措，如“广州南沙—深圳前海—珠海横琴粤港澳人才合作示范区”“广州—深圳—香港—澳门”科技创新走廊等项目在《人民日报》频频亮相。广州无疑是广东乃至华南地区建立更加有效的区域协调发展新机制、开创对外开放新格局的龙头。

三、幸福宜居的文明花城

在改革开放进程中，广州城市管理水平和市民文明程度与经济发展共进，传统文化特色与社会主义精神文明建设交相辉映，社会治理走在全国前列，营造出一座幸福宜居的社会主义现代化大都市形象。

一是“花城”形象深入人心。广州“花城”之名源远流长，城市景

观、生活习俗、花卉市场，处处散发着花文化的魅力。“花城”与“羊城”并为《人民日报》等大众媒体报道广州时的两大称谓，对“花”文化活动的报道成为《人民日报》描述广州城市精神风貌时的惯用素材。广州“迎春花市”作为岭南地区的传统民俗文化盛会，其历史最早可追溯到明朝或之前。一直到现在，广州民众仍保留着过年逛花市的传统习俗。在《人民日报》头版报道中，迎春花市作为年味的标记之一，在绝大多数年份的春节相关报道中赚足了眼球，还得到“十里花街”的美名。1981 年 2 月 4 日《人民日报》头版专报传统的广州新春花市，“佳节花城喜气盈盈”。（见表 4－3）

表 4－3　1978—2018 年《人民日报》头版针对广州迎春花市报道量统计

年份	篇数	年份	篇数	年份	篇数	年份	篇数	年份	篇数	年份	篇数
1978	0	1985	1	1992	0	1999	1	2006	0	2013	2
1979	0	1986	1	1993	0	2000	1	2007	2	2014	2
1980	0	1987	2	1994	2	2001	1	2008	1	2015	0
1981	1	1988	0	1995	0	2002	0	2009	1	2016	0
1982	1	1989	1	1996	2	2003	1	2010	0	2017	1
1983	0	1990	1	1997	1	2004	0	2011	0	2018	0
1984	0	1991	2	1998	2	2005	3	2012	0		

随着改革开放的持续深入，花市动态的报道成为市场经济活跃、人民生活改善的一个重要缩影，“逛花街”的市民、摊位数、成交额都是《人民日报》报道的焦点。

1982 年广州花市的观众“达 200 万人，花木销售额突破了 200 万元”。1991 年起迎春花市按区设点，“卖花人遍布全城，汇成了名副其实的花城”。2007 年“极具岭南地方传统特色的广州 10 个花市迎来 500 多万迎新的市民”。近年来，迎春花市加速创新步伐，将花元素与传统文化充分结合，打造出更加丰富多彩的文化活动，焕发新生。2013 年广州南沙区花市就推出了花车巡游贺新春活动，2014 年“‘非遗’领舞新春花会”，更增添趣味性和文化内涵。由此带动下的广州“花卉业”也获得了

长足快速的发展。1987年花城“优质迎春花卉陆续上市，并供应香港市场”。1998年广州花都市“花卉年产值达1亿多元”。底蕴深厚的“花城”形象，已经成为广州城市形象不可或缺的元素。

二是文明城市建设成绩斐然。广州始终坚持经济建设和精神文明建设两手抓，为建设现代化的国际大都市塑造了良好的社会环境。1995年广州向600多条行政村授予“文明村”称号，1996年“广州’96系列公民教育万人宣传行动日”等活动都登上了《人民日报》头版。1998年广州开启了创建全国文明城市的历程，受到《人民日报》持续关注。2002年2月4日，《人民日报》头版评论“广州创建文明城市……城市面貌和市民的精神面貌焕然一新”。勤劳热心的广州人民将文明化于心、践于行，响应党和国家“先富带后富”的号召，踊跃参加社会公益活动，也成为《人民日报》乐于报道的一道城市风景，如1995年“广州人支援和田打井”、1997年广州越秀区一个体户拿出1700件新衣捐赠灾区、2006年广州的40多位热心人士来到粤北山区开展“多背一公斤”扶贫助学活动等。近十年来，志愿活动在广州已经常态化。“绿羊羊”成为志愿者的符号，他们活跃在春运、旧物回收等公益事业中，被《人民日报》誉为“节日最美‘风景线’”。

三是全民阅读造就书香城市。精神文化生活是广州人生活中不可或缺的组成部分。随着市场经济的发展和消费力的释放，广州人对文化知识、科学技术的追求越来越高涨。早在1992年《人民日报》就曾报道广州人积极上夜校补充知识技能，掀起全民读书热。2008年，农民工学校及其微型图书馆的尝试也得到《人民日报》的评论肯定。“书香羊城”建设成为广州公共文化服务的重中之重，贯穿于改革开放至今的城市服务中。广州先后推出“南国书香节”“羊城书展”等全民阅读展览和节庆活动，通过集中式的图书展销、丰富多彩的文化活动、优秀文化展示，呈现阅读时尚、营造书香氛围。此举得到《人民日报》的持续关注。南国书香节分别于1994、2010、2011、2013年等多个年份登上《人民日报》头版，这是除广交会和迎春花市之外，广州为数不多的多次获得报道的单个活动之一。

四、引领风尚的文化名城

广州不仅是一座经济强市，也是一座具有深厚文化底蕴的历史名城。广州是岭南文化的中心地，传统文化与时尚创意交相辉映，文体活动丰富多彩，社会文化氛围浓厚。早在1982年广州即入选全国首批历史文化名城，《人民日报》的报道中也持续展示广州在继承传统文化基础上，不断引领社会主义新文化的创新。

一是底蕴深厚的岭南文化中心。广州是公认的岭南文化中心，岭南文化最高水平的文艺机构和人才大多聚集于此，岭南音乐、岭南画派、粤剧、杂技等不断斩获全国大奖。1988年“民族音乐在羊城重振声威”，在羊城音乐会基础上，岭南民族音乐不断壮大，催生了羊城国际粤剧节等一批享有国际声誉的音乐会事。1991年岭南画派纪念馆落成，成为广东国画事业学术研究、艺术创作、美术教育的重要基地。广州不断涌现出文艺精品和文艺大家，得到国内外广泛认可，原广州军区战士杂技团的《女子大跳板》在第十五届法国巴黎“明日”世界马戏节荣获金奖第一名——法兰西共和国总统奖，《外来妹》荣获第十届大众电视金鹰奖，原广州军区战士杂技团孙鹏、陈小洁、朱维丽表演的《三人顶碗》获得第十七届蒙特卡洛国际马戏节比赛中获得最高奖——“金小丑”奖，广州红豆粤剧团欧凯明先后成为第十二届中国戏剧梅花奖和广州首位白玉兰奖得主，大型原创舞台音乐剧《西关小姐》荣获2014年“五个一工程”奖，都得到《人民日报》的重点报道。过去10多年里，动漫等广州文化创意产业在广州蓬勃发展。奥飞文化、漫友文化、原创动力等动漫巨头相继落户，使广州越秀被《人民日报》誉为中国的“动漫梦工厂”。

二是联通中外的文化交流门户。凭借岭南文化的影响力，广州在全国文化交流中的门户地位凸显，成为全国性文化交流活动的重要聚集地，尤其是流行音乐、影视、动漫等现代文艺形式从广州走向全国。20世纪90年代以来，接连举办了“全国影视十佳歌手”评选、第十三届“金鸡奖”

与第十六届“百花奖”、广东国际广播音乐博览会、中国国际漫画节、第九届中国艺术节、第十五届群星奖评奖等全国性评选活动，《人民日报》对其都进行了跟踪报道。广州市民的文艺情结十分深厚，文化消费力连年全国第一。这些重量级文化活动的举办不仅提高了广州文化的影响力，更进一步丰富了广州公共文化服务供给，使城市文化素养的提高形成良性的循环。中国国际漫画节在广州永久落户，为广州动漫事业发展营造了良好氛围；广州延续第九届中国艺术节文化惠民活动创办广州艺术节，每年以免费或优惠票价的方式进行惠民演出，为广州市民放送饕餮的文化盛宴，极大地丰富了市民的精神文化生活。广州各级政府举办的文化惠民活动丰富多彩、覆盖广泛，还包括优惠或免费开放全市的博物馆、展览馆、美术馆、科技馆等各种公益性场馆，举办非遗公开课等，得到《人民日报》的高度评价。

三是国际影响持续上升的体育名城。体育也是社会文化的重要组成部分，从 1987 年第六届全国运动会开始，广州不断完善公共体育设施，营造全民健身的浓厚体育活动氛围，争创全国一流的体育城市。广州接连获得全国性体育赛事的主办权，包括 1991 年世界女子足球赛、1992 年第三届全国残疾人运动会、2001 年第九届全国运动会、2007 年第八届全国少数民族传统体育运动会和第八届全国大学生运动会等等。密集举办的大型体育赛事使广州的办会水平和城市体育氛围获得长足进步，为广州迈向国际体育名城打下坚实基础。赢得 2010 年亚运会主办权，开启了广州体育名城的国际化新阶段。在广州举办的 2008 年第四十九届世乒赛、2010 年亚运会、2017 年首届金砖国家运动会接连登上《人民日报》头版。此外，全市还成功举办了世界羽毛球锦标赛、WTA 广州国际女子网球公开赛、广州马拉松赛等 130 余项国际国内体育赛事，其中广州马拉松赛连续两年被中国田径协会评为金牌赛事、2018 年成为国际田联金标赛事，为广州国际体育名城建设添上新彩。

五、锐意进取的科技创新之城

科技是第一生产力，创新是引领发展的第一动力，新时代下广州不断强化实现创新驱动、创新发展的决心，“科技成就”“创新”“科研成果”等关键词在有关广州报道中的出现频率变得越来越为频繁，科技渐成广州发展“第一引擎”。

一是产业转型升级实现“华丽转身”。改革开放早期，纺织业等劳动力密集型轻工业率先在广州等珠三角地区发展起来，技术含量、工业附加值不高，可持续发展空间受限。广州政府坚定加快转型脚步、谋求创新活力，在20世纪90年代起逐渐形成汽车产业、电子产品制造业、石油化工制造业等三大支柱产业。此后，政府整体布局，持续推出一系列重要举措，以建立服务经济为主体，现代服务业、先进制造业、战略性新兴产业互动融合的现代产业体系为努力方向，积极抢占经济制高点，取得令人瞩目的成效。船舶工业等装备制造业在广州崛起。1993年，国家重大技术装备项目海上煤炭运输大通道的专用型船舶“宁安3号”轮由广州船厂建成。到2003年时广州已成为华南地区装备工业中心。2009年广州大型装备产业基地开建，主要发展大型装备精尖加工、重型机械装备以及大型装备、发电装备、海洋工程的配套。近年来，广州努力发展IAB（新一代信息技术、人工智能、生物医药）和NEM（新能源、新材料）等战略性新兴产业，高端高质高新产业布局成效显著。2016年以来，琶洲互联网创新集聚区、广州开发区香雪智慧物联中药配置中心、亿级智慧产业集群区——思科（广州）智慧城等战略性新型产业优质平台和项目连连登上《人民日报》头版，成为“治国理政新思想新实践”的重要案例。广州“实体经济越来越结实”。

二是主力园区领衔科技创新。科技创新是建设现代化产业体系的战略支撑。广州开发区等重大平台，在“一带一路”建设、粤港澳大湾区建设等重大机遇下，领衔广州国际科技创新枢纽建设，全力打造全面开放新

格局。广州开发区是首批国家级开发区之一，长期以来坚持新兴制造业和高新技术业为主导的产业布局，取得一系列突出成绩，成为《人民日报》报道广州产业升级和科技创新的重要符号。1992 年广州开发区“建区七年 7 年来累计出口创汇 6.8 亿美元”，2008 年“广州开发区高新技术产品产值增长 35%、现代服务业产值比增 60%，没有一家企业因金融危机而倒闭”，2010 年“广州开发区 6 项指标全国夺冠”，2018 年“广州开发区集聚了广州半数以上的高科技企业”，在新的历史起点上又将“对外开放再扩大　深化改革再出发”“担当起‘走在前列’的时代使命”。2010 年，一个催生战略性新兴产业的“孵化器”在广州开发区地块上崛起，中新广州知识城项目举行签约奠基仪式。奠基不到一年，已有“45 个高端产业项目已签署了合作备忘录”。2018 年中新广州知识城上升为国家级双边合作项目，面向智慧城市建设积极拓展合作，推动城市管理升级和人工智能发展，探讨新的地方合作，目标直指“具有世界影响的知识经济高地”，将成为广东乃至全国创新发展的新标杆。

三是基础科学成果遍地开花。作为中国南方的科教中心城市，广州科研工作得到国家的大力支持。在《人民日报》笔下，1987 年，广州等 5 个城市成为全国科技体制改革的试点城市，1992 年又成为“八五”期间进行科技体制和经济体制综合配套改革的八个试点城市之一，设有受世界卫生组织资助的中国广州国际中医药培训中心，全国第三个国际卫星地球站——广州国际卫星地球站，全国第三个区域气象中心——广州区域气象中心，国内保存野生稻的种和样本最多、类型最丰富的广州野生稻圃，国家超级计算广州中心等重大基础科学研究平台。借助自身丰富的科教资源，广州从 20 世纪 80 年代的“中国第一个眼库建成”“南海地质调查基地建成”，到“中文语词处理机的研制成功”，再到 21 世纪以来“我国首次国际标准化的多器官联合捐献及移植成功”“我国第一块彩色柔性 AMOLED 显示屏研制成功”“细胞命运密码与小分子解码技术的发现”等，科研成就的取得不断彰显着广州在推进自然科学、信息技术、生物医药、医学等科学前沿及战略新兴产业发展上所取得的进步。

六、四通八达的综合交通枢纽

广州区位优势明显，改革开放以来交通建设持续推进，率先拓展国内外联通点，不断密织航空、铁路、公路网络，成为《人民日报》持续关注的重点，国际综合交通枢纽形象不断强化。

一是全国性综合交通枢纽。广州长期以来是华南地区重要的交通枢纽，改革开放后由于处于全国人流物流最为旺盛的珠三角地区交通主入口，国家更加大力扶持广州的交通连通性建设，将其打造成为全国性综合交通枢纽。1978—2018 年《人民日报》头版针对广州开通新航线、铁路和高速公路建设、客货运力保障等交通主题的报道量达 330 篇，在总体报道中占比超过 10%，且 40 年来保持热度不减。（见表 4 –4、图 4 –6）

表 4 –4　1978—2018 年《人民日报》头版针对广州交通主题报道量统计

年份	篇数	年份	篇数	年份	篇数	年份	篇数	年份	篇数	年份	篇数
1978	2	1985	9	1992	15	1999	4	2006	9	2013	7
1979	4	1986	12	1993	19	2000	6	2007	10	2014	7
1980	4	1987	10	1994	15	2001	2	2008	8	2015	4
1981	10	1988	12	1995	9	2002	11	2009	6	2016	4
1982	11	1989	2	1996	7	2003	6	2010	8	2017	6
1983	7	1990	8	1997	7	2004	6	2011	4	2018	5
1984	8	1991	16	1998	13	2005	5	2012	12		

解决珠三角地区的旅客运力问题在很长时间里困扰着广州。从 20 世纪 90 年代到 2010 年广州南站落成，每年广州旅客发送情况必然见诸“春运”报端。90 年代时《人民日报》还曾以“可怕”“广州站已陷入 20 万回乡大军的重重包围”等语言形容广州站的春运。这一现象终于在 2010 年亚洲最大的火车站——广州南站正式开通、广铁高铁系统运营步入正轨，以及 12306 网站上线运行后得到根本性扭转。《人民日报》2013 年评论“铁路春运今年不太囧”，2017 年广铁上线刷脸进闸，《人民日报》再

评“‘智慧春运’惠归人”。

二是国际航空、航运枢纽地位出现雏形。作为对外交往最先活跃起来的地区之一，广州不仅是全国性综合交通枢纽，也是国际进出中国的重要门户。改革开放以来，广州以南方航空为主力，先后面向东南亚、大洋洲、非洲等地区大力开辟国际直航通道，已当之无愧成为中国通往上述地区的民航主通道。区域重要航线开通，往往预示着双边联系更加紧密，必然成为《人民日报》报道焦点，如1984年广州直飞悉尼、1987年广州直飞墨尔本、1992年广州直飞胡志明市和河内、1996年广州至金边，以及2015年首条直飞非洲大陆航线广州至内罗毕航线等，无一不彰显着广州国际交通枢纽的气派。

图4-6　《人民日报》头版报道广州运输图片组图

注：左上为1995年2月24日第1版广州远洋运输公司集装箱船队；右上为1997年1月23日第1版广州远洋运输公司的6.5万吨级散装货轮“华铜海”轮；左下为1987年9月25日第1版广州高架路；右下为2018年2月4日第1版广州动车段动车组机械师在检修“复兴号”动车组。

综上所述，《人民日报》头版改革开放40年来持续的报道展现了广

州商贸基因深厚、对外交往思想开放、文化氛围浓郁、创新活力、交通便利，继往开来的商贸中心、开放包容的交流门户、幸福宜居的文明花城、引领风尚的文化名城、锐意进取的科技创新之城、四通八达的国际综合交通枢纽，共同构成了广州现代化大都市的主要特征，也是新时代广州国际大都市城市形象的重要内涵。

第五章 外文图书建构展示的广州城市形象

图书等出版物是城市形象展示的一个重要渠道，国际人士通过主题外文图书的内容了解并构建其对某个城市的印象图景和知识体系。媒体报道属于低介入性媒介，对城市形象的塑造大多以热点事件为中心，热度持续性较低，容易在受众脑海中形成直觉的印象，但要使受众对城市形象的一般接触向深度接触转化，还需要运用图书等高介入性媒介。以城市为研究对象的图书，对于城市形象的深度诠释具有不可或缺的作用。本章以亚马逊网上书店广州主题外文图书的数据为分析对象，考察外文图书向国际读者展示的广州城市形象，为广州未来加强针对国际受众的传播策略，引领中国城市国际形象提升提供参考。

第一节　外文图书是城市形象对外传播的重要工具

一、外文图书与城市形象对外传播

对外文化传播是构成和影响一个国家“软实力”的重要变量，文化以其无形和柔性的特征，能够让认知主体在潜移默化过程中形成集体认同力和感召力。以文化产品为载体的国家形象对外传播是形成国家美誉度、增强国家感召力和吸引力，进而增强国家软实力的重要举措。随着中国综合国力的不断提升和国际地位的逐渐提高，引导国际公众对我国国家形象加深理解和认同、塑造正向态度，为增强我国在国际舞台上的话语权提供良好的群众基础和舆论基础，成为当代中国发展的重大关切。早在 2006 国家就正式提出中国图书“走出去”战略，推出“中国图书对外推广计划”等一系列政策措施，为中国主题图书的海外传播提供了政策支持。中国主题外文图书的海外传播是中华文化对外传播的重要形态，也是中国形象向世界读者展示的重要窗口。

城市国际形象是国家形象的子系统，随着全球城市化与城市现代化的发展，城市也成为国家参与全球竞争的重要抓手，加强城市国际形象的塑造与传播，对中国大国形象塑造形成体系化的支撑具有重要意义。城市形象的国际传播，不仅要提高国家在国际社会的知晓度和好感度，更要提高重点受众对城市形象、特色及精神的理解度，促进国际传播受众向交往对象转化，成为城市参与国际竞合的新伙伴。与其他传播媒介相较而言，图书的传播持续周期更长、内容呈现更深、读者黏性更强。读者主动购买图书，在读书过程中通过信息处理、思考判断、行为发生等一系列过程，对传播主题的记忆提升到更高层次，获得与形象关联的深刻体验。外文图书等是城市国际形象传播实践的重要媒介之一，国际人士通过主题外文图书的内容了解并构建其对某个城市的印象图景和知识体系。目前，对国家形象的对外传播研究较多，主要集中在国际媒体报道，但是对城市主题外文图书的研究还比较少，这是拓展城市国际形象研究的新路径。

二、广州主题外文图书是讲好广州故事的重要途径

地方是国家大外宣格局的重要组成部分，地方文化对国家文化的体系化形成重要支撑。按照广州市扎实推进文化强市建设大会部署，深入实施文化交流传播行动，向世界传播中国声音是文化强市建设的主要任务之一。党的十八大以来，广州城市国际地位已发生重大变化，稳居全球一线城市行列，成为代表国家参与国际竞争的主要城市之一，国际显示度和影响力大幅增强。近年来，广州将自身历史文化资源与国际友好资源相匹配，不仅进行以城市形象海外推介会、中外友好交流故事会等形式传播广州故事的尝试，收到了良好的国际反响。广州在文化贸易领域也取得了长足的进步。文化贸易国家文化出口基地落户天河、番禺，广州开发区打造“广州‘一带一路’版权产业服务中心”，涌现了一批具有国际竞争力的文化出口企业，其中14家企业和项目获评2021—2022年国家文化出口重点企业和重点项目，形成良好的产业生态。2022年广州市文化和娱乐服务进出口额1亿美元，同比增长2.8%，文化产品进出口额98.6亿美元。

进入新征程，广州有责任也有能力在更广范围、以更大规模发挥国际传播优势，以广州故事打动国际受众，有力地传播中国声音。加大推进广州图书的海外出版力度，使广州文化品牌走进国际读者的心田，成为进一步讲好广州故事的重要突破口。

三、亚马逊网上书店是城市国际形象的重要宣传渠道

书店在售的外文图书，与图书馆馆藏的历史文献相比，更能反映城市

在当下现实世界向受众展示的形象。亚马逊是全球电商领域的领军企业，根据零售平台 Internet Retailer 在 2019 年 4 月发布的《全球 100 家主流零售商的网站销售额计算》报告显示：2018 年亚马逊在线销售额排名全球第一，是全球排名第二的电商——京东的近 2.5 倍。同时，亚马逊网上书店也是全球最大的图书销售平台，2018 年其在美国的图书销售量达到 8.07 亿本，占美国图书销售市场份额的 42%。由此，对亚马逊网上书店图书销售的分析可以较大程度上代表中国外文图书在海外市场的情况。同时，亚马逊网上书店拥有强大的检索功能和高质量、详尽的图书信息数据库，对图书类别、出版信息、销售状况、市场评论等数据均有详细记载，对研究掌握外文图书的海外传播状况及规律具有较好的研究价值。亚马逊网上书店分有多个地区子站，本章选用的是其全球网站（http://www.amazon.com）的公开数据为资源库，通过亚马逊网上书店广州主题外文图书的各项数据为基础，解读广州城市的国际形象展现情况和存在问题，进而为广州提升国际大都市形象提出对策建议。

第二节　亚马逊网上书店中广州（Guangzhou）外文图书的总体情况

本章选用亚马逊全球网站图书销售子站公开数据为资源库，以广州城市英文名为关键词检索书名，于 2019 年 6 月、2022 年 6 月两次提取相关图书数量及销售量数据，并对图书的主题、语言、作者、出版社等数据的对比，研究广州城市形象的国际呈现情况及与国际一流城市的比较。

一、城市图书的总量比较

经过三年的发展，中国主要城市主题的图书数量都有了较好的增长。在亚马逊全球网上搜索中国与世界知名城市的图书结果数量显示，伦敦、

纽约和巴黎三个顶级国际城市的亚马逊图书搜索结果为50000条以上，与其在世界城市体系中的地位相对应。北京、上海作为中国的发达城市，2022年检索结果已与伦敦、纽约、巴黎、东京等顶级国际城市图书数量持平。广州、深圳、成都、澳门等城市图书数量都较2019年有所增长。其中，广州、成都、澳门的增幅较为突出，广州搜索结果较深圳、杭州增加更为显著，达到4000条以上；2019年成都和澳门图书数量都在1000条以内，搜索结果分别为746和841，而2022年搜索量结果1000条以上。（见表5－1）

表5－1　国内外一流城市主题图书在亚马逊全球网搜索结果

搜索结果	2019年	2022年
50000条以上	London（伦敦）、New York（纽约）、Paris（巴黎）	London（伦敦）、New York（纽约）、Paris（巴黎）、Beijing（北京）、Shanghai（上海）、Tokyo（东京）
10000条以上	Beijing（北京）、Shanghai（上海）、Tokyo（东京）	—
4000条以上	—	Guangzhou（广州）
1000条以上	Guangzhou（广州）、Shenzhen（深圳）、Hangzhou（杭州）	Chengdu（成都）、Shenzhen（深圳）、Macao（澳门）
1000条以内	Chengdu（成都）Macao（澳门）	—

注：由于以Canton为地名的世界地区较多，在以Canton为关键词的图书有美国密歇根州、克利夫兰市、佐治亚州、马萨诸塞州和北卡罗来纳州的城镇，瑞士的意大利区、法国的乡镇等，故以Canton为关键词的图书总量数据对广州的论证意义不大，在此不列出，后文进行详细分析。

相较于伦敦、纽约等公认的世界顶级城市，广州的国际知名度或关注度显著较低。与国内城市相较而言，广州与北京、上海的外文图书数量差距较大，较深圳、成都等城市优势较为明显，领先于国内其他城市。中国城市主题的外文图书仍然较多集中在北京、上海两座城市，中国故事的多

样刻画还有较大的拓展空间。

二、城市图书的主题比较

亚马逊网上书店的图书按内容主题分为24个类别，三年间各城市主题图书结构保持稳定。“旅游与地图”图书一般为国际人士一开始了解城市信息的必备资料，北京、上海、广州等城市图书最多的主题均为旅游地图。而后续主题排名则依城市特色的区别而出现分化。排名第三的图书主题集中于“辞典与工具书”，例如语言学习、美食、城市概况等，北京、上海、广州皆是如此。“政治与社会科学”主题大致排在北京、上海和广州图书主题的第四、第五位，该主题图书主要呈现这三个城市作为国际社会观察中国主要政治和社会现象表现的窗口功能，例如北京是中国政治中心、上海是开放的国际都市、广州是近现代革命传统色彩浓厚的城市。（见表5－2）

表5－2　北京、上海、广州亚马逊图书数量排名前十位主题

排名	Guangzhou（广州）	Beijing（北京）	Shanghai（上海）
1	旅游与地图	旅游与地图	旅游与地图
2	计算机与互联网	科学与自然	历史
3	辞典与工具书	辞典与工具书	辞典与工具书
4	科学与自然	政治与社会科学	文学与小说
5	政治与社会科学	计算机与互联网	政治与社会科学
6	经济管理	科技	艺术与摄影
7	科技	经济管理	经济管理
8	历史	艺术与摄影	科学与自然
9	艺术与摄影	历史	科技
10	教育	体育	传记

北京作为国家政治、经济、文化中心城市，集中了全国各领域最高的研究资源，其“科学与自然”“辞典与工具书”“政治与社会科学”“计算机与互联网”等主题图书量差距不大。上海的“历史”“文学与小说”主题图书较多，大多为反映其中西交汇的历史文化的书籍，同时也有大量国外作家创作了以上海为故事发生地背景的小说，因此“文学与小说”主题也位居前列。广州作为综合型门户城市，其图书结构与北京的有所类似，其销售图书在“计算机与互联网”“辞典与工具书”“科学与自然”“政治与社会科学”主题分布较为均衡，其中“计算机与互联网”图书较多，这与广州互联网产业起步早，开中国互联网产业之先河有较大关联。与广州类似，阿里巴巴的所在地杭州也呈现出类似特征。深圳较为鲜明的特征则是“经济管理”图书高居第二位，且与第一位“旅游与地图”相差无几，正是深圳作为中国改革开放第一个经济特区受到国际广泛的持续关注的有力印证。

三、城市图书的影响力比较

从北京、上海和广州前 100 名外文图书全网热销榜结果看，北京图书的最高排名为第 5.8 万名，单本图书平均排名在第 160 万名；上海图书的最高排名为第 2 万名，单本图书平均排名在第 95 万名；广州前 100 名图书的最高排名为第 18.2 万名，单本图书平均排名在第 660 万名，且大多数图书（59 本）的排名未知，销售量较低。由此可以看出，上海外文图书的市场关注度最高，北京次之，广州相比较而言远远落后。（见表 5－3）

表 5－3　2019 年北京、上海和广州亚马逊销售榜前 100 名外文图书全网销售排名

项目	北京	上海	广州
最高销量图书排名（万名）	5.8	2	18.2
单本图书销量平均排名（万名）	160	95	660

以旅游与地图主题为例，北京和上海销量最高图书为 *DK Eyewitness*

Travel Guide：*Beijing and Shanghai*（《DK 目击者旅游指南：北京和上海》），该书全网排名 2.6 万名，而广州销量最高图书 *China South & Guangzhou Travel Reference Map*（《华南和广州旅游参考地图》）仅排名 102.8 万，可见广州外文图书与北京、上海外文图书在影响力方面存在巨大差距，这也从一个侧面说明广州作为旅游目的地在国际游客中心目中的地位相对较低。

第三节　广州(Guangzhou 和 Canton)外文图书的分析

一、Canton 图书情况与广州主题外文图书

“Guangzhou” 和 “Canton” 均是广州的外文名，在亚马逊全球网以这两个名称进行书名检索时，Guangzhou 图书检索量为 4000 条以上，Canton 图书检索量为 5000 条以上，看起来数量增加了很多，但是并非真的都是指广州。Guangzhou 来源于广州的汉语拼音，在新中国成立后开始大面积使用，而 Canton 作为广州的外文名称则可追溯至 18 世纪中期，当时清朝实行一口通商的政策，广州成为当时中国唯一的中西贸易口岸。Canton 原意有行政区、州的意思，而当时的广州是广东省的省会，因此 Canton 成为外国人指代广州的城市名称。检索 Canton 图书的时候，发现有较多地方同名情况，实际指代的地区很多，其中包括：美国密歇根州、俄亥俄州、佐治亚州等 17 个同名城镇，法国行政单位 “乡”，瑞士提契诺州（Canton Ticino）等，因此并非所有 Canton 为题的图书都是广州，还需要做进一步的甄别和分析。

随着当代广州在国际舞台上日益活跃，采用 Canton 指代广州的图书呈减少态势。如表 5－4 所示，2022 年亚马逊全球网以 Canton 为图书名的

检索结果，排名前10位的图书只有2本确指广州，前50个结果中只有14个与广州相关。随着结果数量增加和范围扩大，Canton所指的地点逐渐分散，前300个结果中有50个与广州相关，前500个结果仍然只有50个与广州相关，预计再往下增加检索结果，与广州相关的图书不会有明显增加。可知广州是众多以Canton为名的城市中知名度较高的，但是相关图书量却并不多，且关联性呈下降趋势，大量的图书仍然是关于其他各个国外的城市。

表5-4　Canton题名图书检索结果中确指广州的情况

Canton题名图书检索结果	2019年		2022年	
	确指广州的图书数量（本）	所占比重（%）	确指广州的图书数量（本）	所占比重（%）
前10位	8	80	2	20
前50位	21	42	14	28
前100位	29	29	19	19
前200位	41	20.5	38	19
前300位	50	16.7	50	16.7
前500位	50	10	50	10

在综合考虑剔除与广州不相关的图书、中文图书和其他文化产品的相关因素后，以Guangzhou为书名检索结果前100本外文图书和以Canton为书名检索结果前50本广州主题外文图书，即总计150本广州主题外文图书作为深入分析的样本对象。

二、广州主题图书的语言和作者分布情况

国际通用语言英语占主导地位，但出版语言出现多样化的迹象。亚马逊网上书店销售广州主题外文图书的语言以英语为主，2022年达到93%，但较2019年有所下降。其他语言包括法语、德语、西班牙语、日语、罗曼什语、加泰罗尼亚语等6种语言较2019年增加了2种，合计占比为

7%。（见图 5－1）

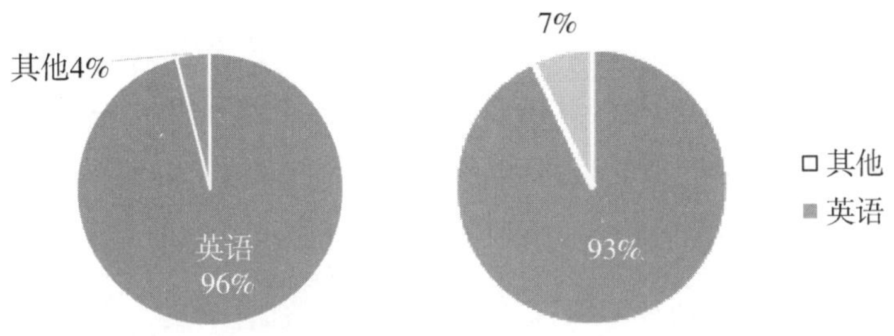

图 5－1　2019 年（左）、2022 年（右）对象图书语言类型分布

从作者的国籍上看也出现了多元化的趋势，广州主题外文图书作者大部分来自美国，但 2022 年较 2019 年有所减少，中国、英国作者则有所增加。美国作者编著 63 本图书占 42%，中国作者编著 55 本图书占 37%，英国作者编著 13 本图书占 9%，其他国家作者（德国 7 本、法国 2 本、日本 2 本、奥地利 1 本、荷兰 1 本、西班牙 2 本、韩国 1 本、瑞士 1 本）编著 17 本图书占 11%，两国合著（美澳 1 本、中瑞 1 本）2 本图书占 1%。中国、美国和英国以外其他国家作者编著的图书，主要以旅游地图主题图书为主。发达国家人士是广州研究的主要国际力量，尤以美国和英国最为集中。（见图 5－2）

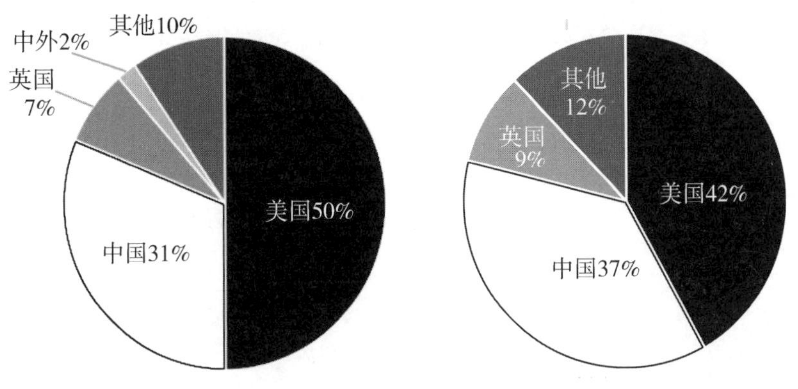

图 5－2　2019 年（左）、2022 年（右）对象图书作者国籍分布

三、广州主题图书的出版社情况

从广州主题图书的出版社所及属地来看，2022 年共有 68 家出版社作为出版主体，较 2019 年的 105 家出版社更加集中，其中外国出版社 62 家，占比 91%，依旧是当前广州主题外文图书的主要出版力量；中国出版社 6 家，占比 9%。

外国出版社的数量虽然减少，但是出版图书数量却明显增加。2022 年检索结果中外国出版社出版 136 本图书，较 2019 年增加 16 本，占比达到 90%。中国出版社出版 14 本图书，占比达到 10%。出版广州主题图书最多的出版社依然是学术性刊物出版社 Springer，出版了 38 本书，主要内容是在广州召开的科技类会议论文集。其次是 Routledge、Hard Press、香港大学出版社，分别出版了 7 本书，以社会科学类研究报告为主。代表性出版机构没有对广州城市相关的研究进行整合出版，出版物没有形成系列。（见表 5－5、图 5－3）

表 5－5　出版数量较多的出版社及图书内容特点

出版社	数量	图书内容特点
Springer	38	学术性刊物出版社，以广州为主题的图书主要是在广州召开的学术会议的论文集，内容大多与计算机科学、生物科学、城市化发展有关，严格来说并未以广州作为内容的主题
香港大学出版社	7	以广州古代末期、近代的历史事件为主，包括 1700—1840 年广州与法、美的进出口贸易发展，近代广州的社会生活与革命运动等社会现象
Hard Press	7	出版物主要是以外国游者为视角的旅游文化介绍，以信件、日记、游记的形式描述广州丰富的历史底蕴、文化资源、移民交流
Routledge	7	关于广州近代历史的著作较多，包括医疗发展、进出口贸易、革命运动等。除此之外则为社会研究报告，关于广州的城市发展观察、社会福利、跨国流动

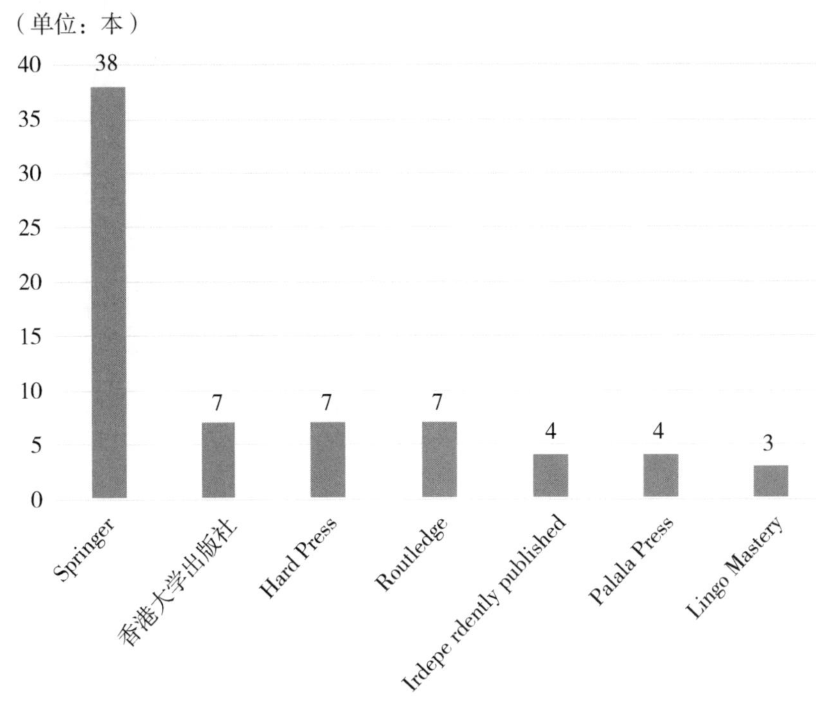

图 5－3　2022 年出版广州主题外文图书数量较多的出版社

在中国的出版社中，香港仅有一家出版社出版了广州主题的外文图书，即香港大学出版社共出版了 7 本，占比 50%。并且，香港出版社出版图书多为研究性著作，集中论述中国清代以来广州的对外商贸、国际关系、社会生活等内容，多本历史研究著作详细论述了广州与美国、法国、英国等早期的交流关系和贸易往来，进而论证广州很早以来就是中国与全球经济发展接轨的核心地区。与香港地区的出版社相比，内地出版社不论出版图书数量还是影响力都相对逊色，内地 5 家出版社仅出版了 7 本图书，较多集中在生活方面的工具书，介绍广州历史文化旅游、中医诊断、家居生活等内容，还有少量在广州召开的会议所出版的刊物，总体较少更具本土特色、内涵更丰富的研究性成果。广州本土研究力量的国际传播意识还不够强，对本地成果的国际出版重视程度不足，研究性成果没有走出去，也影响了广州在国际传播领域的显示度。

广州主题图书的出版主体较为分散，绝大多数出版社都是偶然地在出版物中有一本相关主题，即使出版物较多的出版社，也是分属不同的内容和类别，目前还没有看到以广州为主题成系列的图书作品。

总体来看，广州主题外文图书的出版主体较为分散，除了香港大学出版社对广州清代到近代时期的贸易发展历史出版过一些相关书籍外，其他绝大多数出版社都是零散地出版广州相关的书籍，散落在描述不同内容、探究不同社会现象和活动，并没有较为集中的主题。即使出版物相对较多的出版社，也是分属不同的内容和类别，没有出版社以广州为对象进行专门的选题策划，代表性出版机构也缺少与广州相关的品牌丛书和系列的拳头产品，如对广州进行社会科学、商业研究等丛书品牌的打造，目前还没有看到以广州为主题成系列的图书作品。

四、广州主题外文图书内容主题

根据亚马逊网上书店的内容主题分类，广州主题外文图书类别涉及15个主题，其中数量较多的有旅游与地图、历史、经济管理、计算机与互联网、政治与社会科学、艺术与摄影、传记等主题类别。（见表5-6）

表5-6　广州主题外文图书内容主题类型

图书主题	典型图书内容
旅游与地图	《华南和广州旅游参考地图》（*China South & Guangzhou Travel Reference Map*）：介绍广州的开放和现代化令人惊讶，它是一个中心枢纽城市，城市交通发达，建筑设施完善； 《广州——华南的中心》（*Guangzhou—Heart of the South*）：介绍广州是千年商贸之都，也是一个文化氛围浓厚（粤剧之乡）和现代化的城市

续表5－6

图书主题	典型图书内容
历史	《中国和广州的反击》(*China and the Attack on Canton*)：讲述第一次鸦片战争发生的历史背景，1840年，英国政府以虎门销烟为借口，抵达广东珠江口，发动鸦片战争； 《广州贸易的私营端，1700—1840：超越公司》(*The Private Side of the Canton Trade，1700—1840：Beyond the Companies*)：广州贸易十分兴盛，是当时世界少数所有人都能平等交易的地方，商人在广州能获得与东印度公司相同的特权
经济管理	《广州：中国最具影响力贸易中心的历史遗产》(*Guangzhou：the History and Legacy of China's Most Influential Trade Center*)：广州是一个移民城市，拥有开放包容的特色，历经鸦片战争、国民革命运动，现已是繁华的商贸都市； 《广州批发市场经商指南》(*A Businessman's Guide to the Wholesale Markets of Guangzhou*)：为商人提供在华南经济中心的经济经验，包括广州近300个批发市场，实用的住宿、饮食和交通信息
计算机与互联网	《计算智能与智能系统：第九届国际研讨会，2017年ISICA》(*Computational Intelligence and Intelligent Systems：9th International Symposium，ISICA* 2017)：研讨会在广州召开，会议主要探讨人工智能、仿真技术、电子商务、图像识别等计算机技术； 《模式识别与计算机视觉：第一届中国会议，PRCV 2018》(*Pattern Recognition and Computer Vision：First Chinese Conference，PRCV* 2018)：在广州举行的第一届中国模式识别和计算机视觉会议
政治与社会科学	《珠江三角洲的女儿：华南婚姻模式与经济策略，1860—1930》(*Daughters of the Canton Delta：Marriage Patterns and Economic Strategies in South China*，1860—1930)：伴随着资本主义在珠江三角洲的萌芽，丝绸业兴起，越来越多女性在丝绸业工作，进而独立生活，这使她们的婚姻结构带来了新的变化； 《中国的国家、治理和现代性：广州，1900—1927》(*Nation、Governance and Modernity in China：Canton*，1900—1927)：广州是20世纪中国革命的摇篮，也是中国历史上第一个现代政府的所在地

续表5－6

图书主题	典型图书内容
艺术与摄影	《收集广州：追求最佳》（*Collecting Canton*：*In Pursuit of the Best*）：这是第一本专门编著中国出口瓷器和广州设计产品的书籍； 《珠江三角洲的景色：澳门、广州和香港》（*Views of the Pearl River Delta*：*Macao*、*Canton and Hong Kong*）：介绍珠江三角洲的自然风光
传记	《在广州的外交官：促进美国食品出口到中国》［*A Diplomat in Guangzhou*（*Canton*）：*Promoting Export of US Food Products to China*］：广州是通往中国的门户城市，作为交易中心，比北京和上海更务实、更有活力，作为美国农业部员工，作者展示了在亚洲最繁忙城市工作生活的情况； 《通往中国的路途：科林·坎贝尔在瑞典东印度公司首次考察广州的日记，1732—1733》（*A Passage to China*：*Colin Campbell's Diary of the First Swedish East India Company Expedition to Canton*，1732—1733）：记录航海到中国广州所见闻的世界商贸中心的繁盛景象
烹饪美食与酒	《中餐厅食谱：四川、湖南、北京、上海、广州的特色食谱》（*The Chinese Restaurant Cookbook*：*Featuring Recipes from Szechuan*，*Hunan*，*Peking*，*Shanghai*，*Canton*）介绍中国美食烹饪； 《广州风情：中国制造的食谱设计，传统与文化》（*Canton Flair*：*Recipes Design*，*Traditions & Culture Made in China*）：探索在高度城市化、工业发达的广州，结合广州的自然和文化资源进行菜肴的创新

旅游与地图类图书主要介绍广州作为国际商贸中心的发展历史，展现广州作为全国中心枢纽城市的地位等情况，展现了广州商贸活跃、先进开放的城市形象。值得注意的是，半数图书内容将广州跟北京、上海、深圳、香港、澳门等包含在一起作为旅游指南合辑出版，大多数图书中广州排列几个城市的最后，最常见的组合类型是香港、澳门与广州。（见表5－7）

表 5－7 广州在旅游与地图类外文图书中的位次

序号	图书名称	图书涉及城市	涉及城市数量	广州在涉及城市中的位次
1	*Time Out Hong Kong: Macao and Guangzhou*, 2007	香港、澳门、广州	3	3
2	*Lonely Planet Hong Kong, Macao & Guangzhou*, 1998	香港、澳门、广州	3	3
3	*Newcomer's Handbook Country Guide: China: Including Beijing, Guangzhou, Shanghai, and Shenzhen*	北京、广州、上海和深圳	4	2
4	*The Taxi Guides Box Set (Hong Kong, Shanghai, Beijing, Shenzhen and Guangzhou)*	香港、上海、北京、深圳、广州	5	5
5	*China, Canton-Guangzhou and Macao*	广州、澳门	2	1
6	*Insight City Guide Hong Kong: Macao & Guangzhou*, 2005	香港、澳门、广州	3	3
7	*Moon Handbooks Hong Kong: Including Macau and Guangzhou*	香港、澳门、广州	3	3
8	*Time Out Guide to Hong Kong, Macao and Guangzhou*, 2003	香港、澳门、广州	3	3
9	*Insight City Guide Hong Kong: Macao & Guangzhou*, 2005	香港、澳门、广州	3	3
10	*Fodor's Beijing, Guangzhou, Shanghai*	北京、广州、上海	3	2
11	*Hong Kong, Macao e Guangzhou*（意大利语）	香港、澳门、广州	3	3
12	*China: A Cookbook: 300 Classic Recipes From Beijing And Canton, To Shanghai And Sichuan*	北京、广州、上海、四川	4	2

续表 5－7

序号	图书名称	图书涉及城市	涉及城市数量	广州在涉及城市中的位次
13	*Hong Kong + Macao et Canton*（法语）	香港、澳门、广州	3	3
14	*Lonely Planet Hong Kong Macao and Canton*，1994	香港、澳门、广州	3	3

研究旅游与地图类图书的标题，可发现有的标题“香港”城市名称十分醒目，而澳门与广州附加其后、字号较多，例如孤独星球系列图书、意大利和法国的图书体现了这一点。研究旅游与地图类图书的出版社，可发现，中国出版社出版的图书都将广州作为一个单独的旅游地点。而国外出版社大多将广州作为香港、北京城市旅游的附带地点，这反映了在很多国际游客看来，广州不是一个独立旅游的目的地，而可能是到香港后顺道一游之地。（见图 5－4）

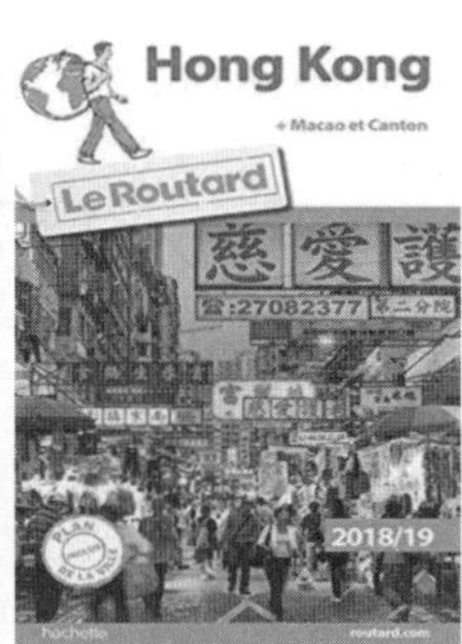

图 5－4　中国和外国出版社出版的旅游与地图类图书中的广州地位不同

历史图书和经济管理类图书在内容上有所重叠，这两类图书都着重研究广州这一传统商贸城市的发展历程和广州海外贸易体制的情况，例如中山大学教授范岱克在《广州贸易：中国沿海的生活与事业，1700—1845》（*The Canton Trade*：*Life and Enterprise on the China Coast*，1700—1845）一书中重建广州贸易在 18 至 19 世纪上半叶的日常运作场景，揭开了所有历史参与者——从引水、买办、通事，到大班、行商和海关官员的日常生活，重新审视中国贸易的成败之处。此外，香港大学副教授王迪安在《十九世纪的全球贸易：伍秉鉴家族和广州贸易体系》（*Global Trade in the Nineteenth Century*：*The House of Houqua and the Canton System*）中以当时的世界首富伍秉鉴家族的视角切入，研究广州贸易体系在经济全球化的动态演变。（见图 5 – 5）

图 5 – 5　历史图书和经济管理类图书

而在现代经济管理的图书相对较少，《广州：中国最具影响力贸易中心的历史遗产》（*Guangzhou*：*The History and Legacy of China's Most Influential Trade Center*）一书指出，在改革开放之前，许多广州人移居到东南亚和北美等地区寻找工作机会，然而伴随着广州经济的成功，广州已经成为中国最发达的城市之一，许多人口不断流入广州。同时，香港中文大学人类学教授麦高登在《世界在广州：华南全球市场中的非洲人和其他外国人》（*The World in Guangzhou*：*Africans and Other Foreigners in South China's Global Marketplace*）中指出，广州当今是商品贸易全球化中心市场，非洲人与其他外国人来到广州开展新事业，他们向本国贩卖盗版、质量低劣的商品，进行着“低端的全球化”行为。

政治与社会科学类图书着重传递广州的发达商贸成就了广州活跃和开放的人文氛围的信息，也推动广州成了近现代思想和革命的策源地。先进思想、文化、变革和革命经由广州发源，辐射全国，进而深刻地影响和改变中国近现代历史的进程，这展现了广州开放、包容、敢为人先的城市文化底蕴。例如《珠江三角洲的女儿：华南婚姻模式与经济策略，1860—1930》（*Daughters of the Canton Delta*：*Marriage Patterns and Economic Strategies in South China*，1860—1930）指出珠江三角洲是中国女性自我意识苏醒的源地之一——自19世纪以来，珠江三角洲蚕丝业的兴旺为女性提供了工作的机会，她们自愿成为“自梳女”（自行盘起头发以示不嫁的女性）实现独立生活。此外，《中国的国家、治理和现代性：广州，1900—1927》（*Nation*，*Governance and Modernity in China*：*Canton*，1900—1927）一书也指出以广州为代表的岭南地区竞相向西方学习现代民主与科学思想，寻求救国强国的真理，因此广州成为民主革命的策源地、20世纪中国革命的摇篮，也是中国历史上第一个现代政府的所在地。（见图5－6）

图5－6　政治与社会科学图书

计算机与互联网类图书都为计算机信息科学与人工智能国际学术会

议、智能计算与其应用国际会议等会议论文集，如《计算智能与智能系统：第九届国际研讨会，2017 年 ISICA》(*Computational Intelligence and Intelligent Systems*: *9th International Symposium*, *ISICA* 2017)、《模式识别与计算机视觉：第一届中国会议，PRCV 2018》(*Pattern Recognition and Computer Vision*: *First Chinese Conference*, *PRCV* 2018)。(见图 5－7)

图 5－7　计算机与互联网图书

此外，8 本艺术与摄影图书、3 本文学与小说图书主要展现广州武术、粤剧、书法、广州彩瓷等岭南民间艺术，传递了广州的文化名城品位。5 本烹饪美食与酒的主题图书体现广州“食在广州”的美名和粤式饮食文化源远流长的城市特点。(见图 5－8)

图 5－8　艺术与摄影、文学与小说、烹饪美食与酒图书

五、广州主题外文图书讲述的广州故事

经过近年来海外出版的持续发力，2022 年检索的外文图书呈现出的广州主题故事更具时代感，广州特色优势得到一定程度反映。（见图 5－9）

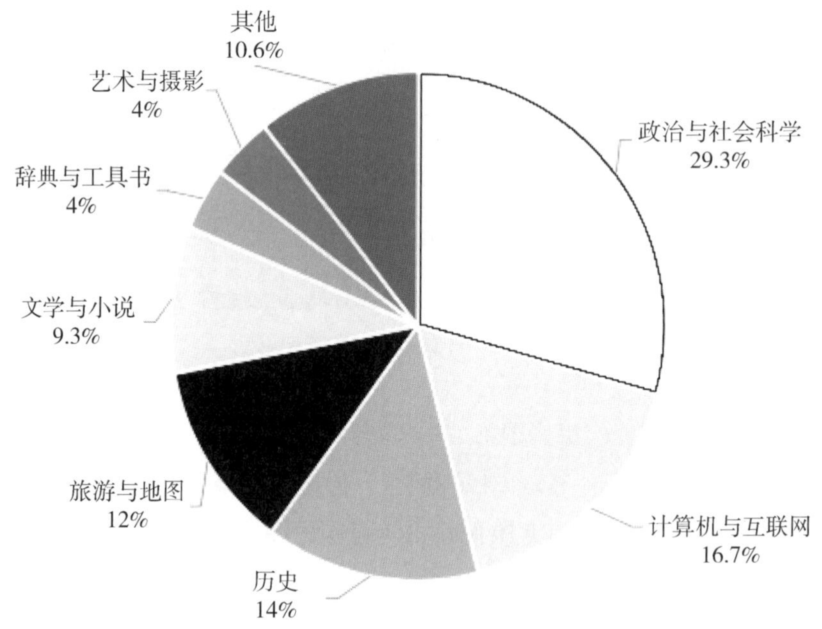

图 5－9　2022 年广州主题外文图书内容主题分类比例

现代广州社会现实状况初展头角。政治与社会科学类图书主要集中在对近现代社会状况的研究，分析了广州因经济贸易的发展，城市化建设、社会运动、近现代思想也随之现代化的过程。值得注意的是，书目中出现了关于改革开放以来的社会状况研究图书，从城市改革、人口流动迁移、对外交流、交通发展、流行音乐文化等方面展现了广州开放包容、现代化、全球化的城市形象。例如，《改革中的广州》讲述了广州在城市改革中的宝贵经验，展现了中国作为世界上一个重要而活跃的参与者，处于相互联系的全球参与网络的中心；《世界在广州：华南全球市场的非洲人和

其他外国人》指出，来自世界各地的人们在广州开始新的生活，发展自己的事业，使得广州成为一个非正式的、基于声誉和信任而不是正式契约的全球化世界；《大珠三角发展空运枢纽》认为，广州的白云机场是国际化交通枢纽，为大珠江三角洲的贸易发展、人员流动提供了便利的条件；《声音流动：在中国南方制造世界》指出，广州是中国海上丝绸之路的重要港口城市，长期以来一直是国际枢纽，现在新移民正在把不同的中国民间传统融入音乐中，一些乐队捕捉了全球和当地的交集，定义了广州这座城市的新时代风貌。

广州科技创新前沿地位得到良好反映。计算机与互联网类图书增加也较为明显，图书内容都是计算社会科学国际会议、人工智能算法与应用国际学术研讨会、区块链与可信系统国际会议等会议论文集，如《区块链与可信系统：第三届国际会议，BlockSys 2021》《计算社会科学：第一届新计算社会科学国际会议论文集（ICNCSS2020）》《第一届中国模式识别与计算机视觉会议，PRCV 2018》《第九届计算智能与智能系统国际研讨会，ISICA 2017》等。这些高水平国际科技学术会议在广州密集召开，反映了广州在互联网技术、人工智能、神经信息处理等研究、图像识别、仿真技术领域具有一定的领先地位，并通过出版论文集的方式进一步强化广州在相关科技领域的话语权，也能够向国外读者传达科技创新发展的广州故事，但是毕竟会议论文集的技术性较强，与城市的联系较弱，内容深度不够，对深刻反映城市国际形象的作用有限。

“千年商都”历史形象仍是广州故事主流。广州主题外文图书中历史类图书占比情况变化不大，对于广州近代商贸经济研究的图书仍然占据大多数。着重研究广州这一传统商贸城市的发展历程和“十三行”时期广州海外贸易体制。例如范岱克在《广州贸易：中国沿海的生活与事业，1700—1845》一书中重建广州贸易在 18 至 19 世纪上半叶的日常运作场景，揭开了所有历史参与者——从引水、买办、通事，到大班、行商和海关官员的日常生活，重新审视中国贸易的成败之处，王迪安在《十九世纪的全球贸易：伍秉鉴家族和广州贸易体系》中以当时的世界首富伍秉

鉴家族的视角切入，研究广州贸易体系在经济全球化的动态演变。《黄金贫民区：美国在广州的商业社区与美国对华政策的形成》里记录了美国主要贸易商、公司在广州运作的细节，在19世纪40年代开放通商口岸之前，广州是唯一允许外国商人进行贸易的中国港口。其他的历史类图书也聚焦在近代时期广州的文化发展、社会运动等。如《南少林寺的毁灭和广东十虎的兴起》讲述了南少林寺的学徒定居广州，在普通民众中传授少林功夫，导致几位杰出的功夫大师崛起的故事。历史学界集中研究“十三行”“一口通商”的特殊时期，塑造了广州“千年商都”的形象。但关于广州其他主题的历史图书就数量较少，并没有形成一套全面介绍各个时期、多样主题的广州历史图书系列。

选择广州作为背景的文学作品有所增加。广州的历史文化越来越多地为国际读者所熟知，越来越多国际创作者选用广州作为文学小说的故事场景或文化背景。在2022年的采样中，有14本文学与小说类图书涉及广州主题，是2019年数量的4.6倍，其中7本为2019年后出版的图书。从题材上涉及历史传记、穿越小说、旅游游记、虚构故事、儿童文学、文学研究等。体现的广州主题则集中在广州城市历史文化风貌上。《旅行者的故事：老香港、广州和澳门》收集世界各地游客来到香港、广州和澳门所经历的故事，体现了东西方之间的文化差异。《来自广州的信》从一套80年前的家庭信件中汲取灵感，以主人公在广州经历第二次世界大战社会动荡的故事，反映和平的珍贵。《回忆录：苦汤有多甜》以传记形式书写了一位在逆境中成长的美国女孩，远赴广州追求幸福的故事，勉励读者勇敢迎战苦难，苦中作乐。

其他反映广州主题的外文图书还分布在旅游与地图类、艺术与摄影类、烹饪美食与酒类等类别，主要展现广州建筑、粤剧、书法等岭南民间艺术，还有一些当代中国电影和实验艺术的研究，传递了广州的文化名城品位，体现广州“食在广州”的美名和粤式饮食文化源远流长的城市特点。旅游与地图类图书较2019年大幅减少，尤其是新出版的作品较少，可能是新冠疫情以来国际旅行大幅减少的影响。

综合来看，广州主题外文图书偏重对广州的简单信息介绍，广州历史文化在国际上传播相对较好，而深入研究广州城市发展有分量、有影响的图书较少，广州这一千年商都如何走向创新的转型过程没有充分呈现，国内学者的最新研究成果没有走向世界。研究型著作对城市的剖析最为深入，所呈现的城市形象相对立体丰富，但广州外文图书中研究性著作数量太少，影响力也偏弱，且主要集中在广州近代贸易口岸以及社会生活的历史回顾，对广州作为改革开放的前沿阵地，在中国特色社会主义建设中取得了丰富经验和成果，缺少总结和展示。与此相对应的是，在亚马逊网上书店以 Shenzhen 为名检索的第一个结果就是图书《深圳巨星——中国最智慧的城市如何挑战硅谷》，分析论述深圳作为中国改革开放的第一个经济特区所取得的成就，这个历史上经济发展速度最快的城市，如何通过发展高新技术产业实现经济腾飞，进而成为中国的象征。

六、广州主题外文图书封面图片形象

图书封面是书籍装帧艺术中最重要的部分。一方面，封面上的文字概况方便读者理解书的大概内容；另一方面，封面以图形或图像的方式描绘、体现书中内容，起到一个吸引读者购买、阅读和传播的作用。假设封面的形象符号与图书内容不相符，将会给人们留下一种错位的印象。而对本研究而言，城市图书封面从属于图书内容，影响着人们对图书的兴趣，因此图书封面图片对城市形象的呈现效果直接相关。由此，本研究除去无图像、简单几何和文字形象的图书，对剩余的图书封面图面中的形象符号进行分析。（见表 5 – 8）

表5-8 广州主题外文图书封面形象符号使用情况

主题	符号	占比(%)	主要图书类型
传统商贸	商贸交通工具：帆船	7.3	历史 经济管理
	商贸场所：商埠、牌坊、码头	4	
	商贸产品：瓷器	1.3	
人物形象	近现代人物：清朝男子、鸦片战争元凶——英国首相巴麦尊、自梳女	4.7	历史
	当代人物：妇女儿童、普通男子	3.3	传记旅游与地图
现代城市	现代城市街景、高楼、地铁、出租车	12	旅游与地图 经济管理
旅游资源	自然和人文景色和艺术、美食	8	旅游与地图 烹饪美食与酒
历史遗产	中山纪念堂、汉墓、古建筑	5.3	历史 旅游地图
宗教	佛像、佛塔、寺庙	4.7	旅游与地图 宗教与精神生活
城市地图	地图	4	旅游与地图 经济管理
中国元素	龙、中国特色农村	2	历史

对象图书封面形象符号包括有传统商贸、人物形象、现代城市、旅游资源、历史遗产、宗教、城市位置、中国元素等8种类型。

在传统商贸符号类型中，封面通常使用帆船、商埠、牌坊、瓷器等指代广州的商贸情况，这也与历史与经济管理图书偏向广州传统商贸体制的内容相适应，例如《广州贸易：中国沿海的生活与事业，1700—1845》《广州贸易的私营端，1700—1840：超越公司》等图书。（见图5-10）

在人物形象符号类型中，近现代人物包括有清朝男子、英国首相、自梳女等，说明当时参与广州外贸的官员和商人、鸦片战争的历史、清朝晚期的女性自我意识苏醒情况等，出现最多的名人是十三行商人伍秉鉴，例如图书《十九世纪的全球贸易：伍秉鉴家族和广州贸易体系》。现代人物

图 5 – 10　传统商贸符号类型

包括有移民的广州家庭、外交官员、妇女儿童等，例如图书《广州外交官：促进美国对华出口食品》。(见图 5 – 11)

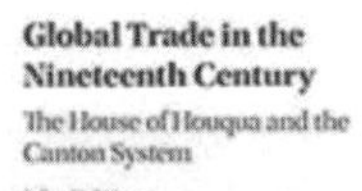

图 4 – 11　人物形象符号类型

城市地图符号也是主要选用的素材，其中 4 本书都选择世界地图作为封面，例如图书《像当地人一样旅行——广州地图》（*Travel Like a Local – Map of Guangzhou*）、《2009 年中国广州经济和商品市场数据手册》（*The* 2009 *Economic and Product Market Databook for Guangzhou*，*China*），使用世界地图来说明广州信息，封面传递的信息不够准确。（见图 5－12）

图 5－12　城市地图符号类型

然而部分广州外文图书的封面内容与广州发展现实脱节，在展现广州城市形象方面容易出现误导的可能。例如，《华南和广州旅游参考地图》的封面是一个农村妇女用背篓背着孩子，这是 20 世纪 90 年代时期一个农村务工人员到广州生活的图景。然而这本书在 2014 年出版，当时广州已经是中国中心枢纽城市、全球现代化城市。虽然书中内容提及广州是一个开放、现代化的城市，但其封面展现的广州却与内容并不相符，可能会让读者误解广州经济水平落后。（见图 5－13）

图5－13　《华南和广州旅游参考地图》（*China South & Guangzhou Travel Reference Map*）封面

总体来看，传统商贸、近代人物、宗教、历史遗产等符号是使用频率较高的封面要素，图书的形象设计仍然以传统符号为主。由此可以看出，广州主题外文图书封面传递给读者的第一印象偏向老旧，而缺乏现代生机勃勃的形象。

第六章

广州推动城市形象国际传播的实践与经验

讲好中国故事，传播好中国声音，展示真实、立体、全面的中国，是加强我国国际传播能力建设的重要任务。广州主动谋划用好自身特色优势，通过高规格参与重大活动、高品质打造传播活动品牌、高层次结交国际伙伴、高质量生产传播产品，用足用好人际传播、组织传播、大众传播、网络传播等各种方式，积极融入国家传播大局，推动我国同各国的人文交流和民心相通，展示丰富多彩、生动立体的中国形象。

第一节　高规格参与重大国际活动

重大国际活动，包括国家领导人的出（来）访、政府间国际组织会议、我国主办的政府间国际论坛等主场外交活动，国际论坛、国际行业协会年会、区域合作会议、活动等，具有与会人员层次高、讨论议题内容新、社会影响范围广等特征，其对世界目光的强大吸引力以及提升区域形象的能力使之成为提升举办城市国际形象和国际影响力的重要推手。国际上最具影响力的城市往往都举办过大量重大国际活动，日内瓦、布鲁塞尔等城市作为联合国、欧盟等国际组织重要会议举办地而分别成为世界和欧洲会议之都。许多城市通过主办一次大型国际盛会在世界民众心目中留下深刻印象甚至载入史册，如上海举办 APEC（亚太经济合作组织）领导人会议、杭州举办 G20（二十国集团）峰会等。还有很多城市作为高端国际会议的固定主办地，与会议紧密地联为一体，甚至城市因会而兴，如博鳌亚洲论坛，使得一个海南小镇扬名世界。

一、积极服务主场外交活动，诠释中国精神

国家领导人的行踪一向是各国媒体最为关注的外国事件，也使国与国的外交活动位于传播内容体系中的顶端。广州作为代表国家形象的国际大都市之一，持续积极地服务国家主场外交，分别于 2023 年 3 月、4 月、6 月密集接待新加坡总理李显龙、法国总统马克龙、泰国公主诗琳通等国家领导人和政要的到访，成为世界认识中国式现代化的重要代表。尤其是法国总统马克龙，是疫情以来首位访华的欧盟国家元首，而广州圆满地完成了习近平主席与马克龙总统非正式会晤的接待任务，一时间成为国际传播的“顶流”。

从国家为马克龙安排的参访路线中，不难品味出党和国家赋予广州作为贯穿中国式现代化发展精神的形象功能。2023 年是马克龙作为法国总统的第三次访华。2018 年、2019 年他曾两度访华，到访的非首都地区分别是西安和上海。马克龙首次访问，先到西安参观了秦始皇陵兵马俑，西安展现的是历史的中国；马克龙第二次访华，是为了到上海为进博会上的法资企业站台，上海展现的是中国大市场为世界提供的开放机遇；而第三次访华到访广州的行程中，习近平主席通过广州千年发展的轨迹，向马克龙总统诠释了中国式现代化的本质特征和核心要义。他对马克龙总统说："了解今天的中国，要从了解中国的历史开始。"习近平主席亲自分三个层次讲解了广州的发展轨迹：1000 多年前，广州就是海上丝绸之路的一个起点，100 多年前，就是在这里打开了近现代中国进步的大门，40 多年前，也是在这里首先蹚出来一条经济特区建设之路，现在广州正在积极推进粤港澳大湾区建设，继续在高质量发展方面发挥领头羊和火车头作用。习近平主席的介绍，精准总结了广州从古到今对民族发展最重要的贡献，使广州上升为中华文明传承创新的重要缩影。

而在马克龙总统的眼中，广州之行更坚定了他推动法中友谊健康向上的决心。他到访中山大学，与代表中国未来的青年学子深入交流后，用三种语言发文，称："从北京一路到广州，我见到了学习法语的大学生们，这些青年人饱含热情、胸怀远大，我也见到了富有创新精神的企业家们，还有受到法国艺术灵感启发的艺术家们。我们在一起大有可为。法中友谊万岁！"在与习近平主席的非正式会晤中，这位欧洲民主革命策源地的领导人在中国民主革命策源地上品味《高山流水》的婉转琴声，感受到了中法友好的心心相惜。马克龙表示："真正的友谊是相互理解、相互尊重。法方赞赏中方始终支持法国和欧洲坚持独立自主和团结统一，愿和中方相互尊重彼此主权和领土完整等核心利益，加强技术工业合作，相互开放市场，加强人工智能等科技合作，助力各自实现发展振兴。"在访华行程圆满结束后，他又一次在社交媒体用中、法双语发出推文："谢谢你，广州。法中友谊万岁！"并配以猎德大桥灯光投影中法国旗的图像，使广

州地标火遍全网。

2023 年上半年，广州圆满地完成了主场外交任务，树立起了中国式现代化的“广州样本”，这更使广州增强了担负文化传播使命、讲好新时代中国故事的历史自觉。在新的历史起点上，广州还要以守正创新的正气和锐气，争取更深度地参与到主场外交的支持当中，向世界讲好中国故事，助力文化强国建设取得新的辉煌。

二、举办亚运会，实现城市形象的大跨越

广州是中国第二个取得亚运会主办权的城市。2010 年，第 16 届亚洲运动会于 2010 年 11 月 12—27 日广州举办，设 42 项比赛项目，新增设的围棋、武术、龙舟、藤球、板球等中国传统项目也涵盖其中，是亚运会历史上比赛项目最多的一届，并在亚运会后举办了第一届亚洲残疾人运动会。共有 45 个国家和地区的 12000 多名运动员参加比赛，赛事规模与北京奥运会相当，创历届亚运会之最。

然而，亚运会对于广州的意义并不止于体育竞技，举办亚运是帮助广州倒逼城市综合水平提升的重要契机。在第 16 届亚运会的筹办和举办期间，广州市特别启动了“广州 2010 亚运城市行动计划”，内容涵盖了基础设施与城市环境、亚运服务与城市保障、亚运文化与城市人文、亚运遗产与城市发展等 127 项细分计划，对城市的硬件和软件建设都进行了巨大的投入，形成了整座城市全方位、宽领域、多层次的品位提升。

广州还将亚运会办成一场亚洲多元文化交流融合的文化盛会。筹办亚运期间，广州亚组委以“激情盛会，和谐亚洲”的理念为指导，在国内推动了“亚运中国行”系列文化活动，在国外推动了“亚洲之路”第 16 届亚运会推广活动。尤其是“亚洲之路”对整个亚洲地区产生了巨大的影响。活动路线覆盖了亚洲全部 45 个国家和地区，活动内容包括积极互动的文化交流活动、独具特色的民间体育竞技、政府支持的国家经贸交流、形式多样的商业推广展示等，传播亚运，宣传广州。其间，主办方在

沿途设计了趣味跑、祝福手势、亚运祝福、通关文牒等特色活动，并举办了“广州投资推介会”“广州商品展览会”“广州仁川海港空港交流座谈会”“高科技发展论坛”等主题活动，加强了广州与亚洲各地的经贸理解与联系。[①] 亚运会举办期间，广州又利用外宾侨宾集中来访的机会，精心组织了丰富多彩的参观考察和文化活动，包括亚运讲台、传媒论坛、亚运文艺演出等等。广州精选了城市新貌、岭南历史文化、现代企业及创新科技、教育等五大领域近 30 个经典和项目，精心设计贵宾在穗参观考察、购物游览路线，尽可能让贵宾更多地感受广州建设“千年商都”“文化名城”和“十年一大变”的成果；从国内外 300 多台剧目中选定了 38 台剧目参与亚运会、亚残运会的文艺演出，鼓励来自亚洲各地的运动员和观众超越政治、文化、种族、信仰和地理的界限，交流感情，增进了解，同时多角度、全方位、深层次地了解中国广东广州。

三、承办国际会议配套活动，嵌入“广州倩影”

以城市的层级很难影响高端国际会议的正式议题设置和话题讨论，但是在非正式场合却有较大的活动空间。广州利用达沃斯论坛（世界经济论坛）、博鳌亚洲论坛、“一带一路”国际合作高峰论坛、亚洲文明对话大会、中国高层发展论坛等国际国内重大会议平台，配合国家举办广州分论坛、“广州之夜”及各种文化交流活动，在国际舞台留下中国城市的靓丽身姿。

“广州之夜”是一款集合文艺展演、文化体验、美食鉴赏、城市推介等多种元素的综合性交流活动，广州市人民政府新闻办公室携“广州之夜”入驻各大国际会议平台，包括国际纪录片节、夏季达沃斯论坛、冬季达沃斯论坛等，逐渐成为国际会议钟爱的“广州时刻”。2015 年以来，

---

① “亚洲之路”亚运推广活动组委会：《亚洲之路：第 16 届亚运会推广活动市场推介书》，2007 年。

“广州之夜”成为夏季达沃斯论坛的常设配套活动，2020 年“广州之夜”首次亮相冬季达沃斯论坛，借助参加达沃斯论坛的机遇，让“广州名片”频繁亮相世界各地。在异地办会过程中，广州运用了 LED 大屏和光影技术等科技手段，复刻城市特色场景，献上一系列精彩纷呈的岭南文化展示营造岭南风情的现场感，为广州代表团加深与与会嘉宾的对接互动创造了温馨、融洽的洽谈环境。“微软云”、GE 生物产业园、苏黎世保险等项目，从“广州之夜”开始与广州结缘。此后，“广州之夜”继续登陆中国广州国际投资年会、“读懂中国”国际会议（广州）等活动，让更大范围的国际受众看到广州守正与创新交融、经典与时尚汇聚的活力形象，以及宜居宜游、开放包容、商机无限的未来前景。

“食在广州”是民间广泛认可的广州城市形象特征。美食也是无国界的交流语言和文化符号。亚洲美食节（广州）、广州国际美食节、博古斯世界烹饪大赛中国区选拔赛等国际知名的美食交流活动汇聚广州，更使广州成为国际民众向往的美食胜地。在我国 2019 年举办的亚洲文明对话大会上，广州亚洲美食节作为的重要配套活动出现，除北京外，全国仅有广州、杭州、成都三个分会场，广州形象再次成为国家形象的代表性符号，22 个亚洲国家驻穗使领馆共建亚洲美食节主宾国联动机制，成立亚洲美食文化产业发展战略联盟，这两项美食节成果还被纳入亚洲文明对话大会成果清单，传递出中国热烈期盼与世界友好共赢的强烈信号，成为广州支持国家国际传播战略大局的又一次成功实践。

在国家级国际论坛上由非首都城市举办分论坛，这在我国高端国际会议中是十分鲜见的，对城市的发展洞见和资源链接能力都具有更高的要求。广州却在国家级国际论坛上树立起了广州分论坛的传播品牌。2018、2019 年连续两年在中国发展高层论坛年会上举办广州城市形象国际传播年圆桌会，在 2019 年中国进口博览会上举办了黄埔国际财经媒体和智库论坛，重点展示广东开创新局面取得的辉煌成就，全面讲述广州打造国际交往中心的动人故事。这些分论坛的举办，使广州在国家级平台上深入阐释中国式现代化的广州实践和思考，展示广州经济社会发展良好前景以及

新的发展机遇，精准地向有意与中国携手前行的世界伙伴释放了“引力波”。

四、引进各领域高端国际会议，树立发展风向标

广州加强与国际组织、行业协会和学会、跨国公司合作，主动策划引进各领域龙头国际会议。2017 年《财富》全球论坛、2018 年世界航线发展大会、2019 年世界港口大会等重大国际会议品牌与广州紧密相连，进一步放大在国际舞台的声量。

《财富》全球论坛由美国时代华纳集团所属的《财富》杂志 1995 年创办，每 16—18 个月在世界上选择一个国际热门城市举行一次，邀请全球行业领军人物共同探讨全球经济所面临的问题。2017 年 12 月 6 日至 8 日，2017 广州《财富》全球论坛成功举办，成功打造《财富》全球论坛历史上规模最大、企业总数最多、最具显示度和影响力的一次世界盛会，尽显广州连通中国与世界的强大凝聚力、吸引力和竞争力。习近平主席致贺信，国务院副总理汪洋同志出席开幕式并发表主旨演讲，加拿大总理贾斯廷·特鲁多、巴布亚新几内亚总理彼得·奥尼尔等 6 名外国政要及前政要出席会议，共计 1100 多名国内外嘉宾参会。本届《财富》全球论坛吸引参会企业 388 家，世界 500 强企业 152 家，参会的世界 500 强企业数量和与会嘉宾数量都突破论坛历史最高纪录。

世界航线发展大会是全球唯一由机场、航空公司、政府机构及相关行业决策者共同参与的国际盛会，1995 年召开首次会议，此后每年举办一届，旨在给机场和航空公司提供一个互相交流的平台。2018 年 9 月 16 日至 18 日，第 24 届世界航线发展大会在广州召开，吸引来自全球 115 个国家和地区的 300 多家航空公司、700 多家机场管理机构、130 多家政府及旅游机构等逾 3500 名嘉宾代表参会，会议规模创历届大会之最。广州通过大会向全球航空业充分展示空港枢纽及经济区的重要地位，有力促进了广州国际航线网络发展。

世界港口大会由国际港口协会发起，每两年举行一次，迄今已举办30届，来自全球各地知名港航机构代表受邀参会，被誉为国际港航界的“奥林匹克”盛会，对带动港航业经济发展、促进港口城市合作起着至关重要的作用。2019年5月6日至10日，世界港口大会在广州成功举办，这是该大会继2005年上海后第二次由中国城市举办。来自全球50多个国家和地区的近1200名代表与会，其中境外嘉宾达到307人，参会规模为历届之最。世界港口大会的成功举办向国际社会全面展示了广州国际航运枢纽建设和对外开放合作所取得的突出成就，有效提升了广州城市和港口的国际知名度、影响力。

第二节　高品质打造传播活动品牌

传播活动是指城市举办的各种具有对外传播城市形象功能的活动。从广义上看，各种跨国家和区域的国际性会议、论坛、展览、展销、文化庆典、体育赛事等活动，通过文化交流、产品展示、技术传递、形象推介、竞赛表演等多种形式，直接或间接地加深城市形象在国际受众中的认知度，扩大城市影响力，因此都属于传播活动的范畴。举办传播活动是现代社会直接增强城市国际显示率和知名度的最有效手段之一，使传播活动的策划营销成为实现城市国际传播不可或缺的组成部分。近年来，广州主抓城市国际传播活动，传播活动组织能力较为成熟。

一、广州重点打造的国际传播活动类型

按照受众及影响力层级来分，可以将广州重点主办的国际传播活动分为三类，即高端国际会议、会展节事活动、文化交流及城市营销活动。

高端国际会议位于影响力顶端，对城市的传播能力提升是全方位的。

首先，高端国际会议集聚各国政要、行业顶尖人物、高端人才等各类资源，有利于提高城市在相关国际区域中的国际声量和话语权。其次，国际会议举办期间，大量的国际媒体在举办地聚集报道，不仅为举办地城市展示产业优势、风土人情、旅游资源、文化传统等提供了良机，对于城市形象塑造有着明显提升作用，而且也为城市建立和强化与国际主流媒体、门户媒体的联系，提升传播媒介层级创造了良好的机会。

会展节事活动覆盖面更广，一般都向社会公众开放，持续时间更长，是更为典型的城市形象的群体传播途径。城市每年组织开展一些有较大影响力的专业展、节庆、文体赛事，吸引很多外部公众参加、让公众在活动中更好地了解、感受城市的发展变化，进而提高公众对城市的认知度、认同度与美誉度、极大地提升城市形象。城市的会展节事活动是一个城市形象和城市文化水平、城市文化特色及城市文化整体性的体现和象征，对扩大城市影响力、提升城市形象有积极的促进作用。活动本身也可吸引各类媒体，尤其是大众文旅自媒体的打卡关注，增加城市在普通民众中的显示度，从而大大提高城市的知名度。比如昆明的园博会、北京的奥运会、广州的广交会和亚运会等都是一些在国内外有重大影响的活动，这些活动的开展对提高这些城市在国内外的知名度与影响力产生了积极的作用。

文化交流及城市营销活动是广州重点培育的国际传播活动。文化交流和城市营销活动以推介城市形象为直接目的，内容更聚焦于直观展现城市的投资环境、营商环境、文化精品，进行友好的人文对话，是民间的人际传播活动。与国际伙伴交往、高端国际活动相较，其面向的是普通民众，具有精准性和非营利性，进行感性的文化和情感交流。使其文化呈现更纯粹、更真诚。文化交流及城市营销活动每到一处，都好像为具有开放交流意愿的人们点燃了跨文化交流的“火种”，得到文化交流和对话洗礼的人们，将会成为当地接纳文化多样性的人群主力。

二、搭建高端国际会议平台，共商发展大计

广州通过外引内培，搭建了高端国际会议品牌体系，通过“读懂中国”国际会议持续输出广州智慧，打造从都国际论坛、中国广州国际投资年会品牌，轮动举办各领域权威国际会议，传播城市形象。

“读懂中国”国际会议是由中国国家创新与发展战略研究会、中国人民外交学会同21世纪理事会发起的一项重要国际活动，它旨在搭建中国与世界的交流和对话平台，已成为世界了解中国发展战略的最有影响力的平台之一。2019年来，“读懂中国”国际会议成功落户广州，广州争取在会议主体框架下，设置“在广东（广州），读懂中国”专题论坛，将广州置于一个重要的样本高度，在读懂中国的大命题下读懂广州，从点向面全方位向世界展示在习近平新时代中国特色社会主义思想指引下，中国社会真实、立体、全面的发展状况。“读懂中国”国际会议的落户对于广州意义非凡。其一，“读懂中国”国际会议面向的受众是对全球发展最具影响力的人群，包括全球知名的政治家、战略家、学者、企业家等等。他们每年到会使广州获得了向国际高端人士输出“广州印象”的稳定信道和关系链接。其二，“读懂中国”国际会议的议题设置使广州获得党和国家重大发展判断的第一手资料。以2021年“读懂中国”国际会议（广州）为例，主体会议议题囊括了全球发展、开放、创新、健康、绿色、民生、文化多样性、数字化、安全、青年发展等重大议题，与联合国可持续发展目标高度对接，有力阐释中国式现代化的世界意义，使广州成为向世界发出中国式现代化理论阐释的主要信源之一，更带动广州学界提高理论水平，形成中国特色社会主义理论策源效应。其三，“读懂中国”国际会议的落户显示出党和国家对于广州担当国家形象代表城市的认可。国际会议的举办地风貌向来是各国意欲向世界传递的本国形象的集中展现。广州是国家历史文化名城，是改革开放的前沿阵地，是粤港澳大湾区区域发展的核心引擎之一。中国的历史、现在和未来都能在广州集成式体验，从而读懂中国灿烂的文化和悠久的历史，读懂近现代中国的沧桑巨变，读懂中国改革开放再出发的坚强决心和信心。

从都国际论坛是由中国人民对外友好协会、澳大利亚中国友好交流协会共同主办的国际性会议，是中国境内重要的民间外交及国际交流平台，2015 年经中国政府批准正式创立。从都国际论坛地点设于广州从化从都国际会议中心，2016 年至今先后聚焦“一带一路框架下：包容、可持续发展和可抵御风险的城市”“全球治理与中国主张”“改革开放与合作共赢”“多边主义与可持续发展”等主题，以深入探讨世界和平、经济发展和文化交流等重要议题为宗旨，凝聚各方共识，推动区域和全球合作。2019 年 12 月 3 日，习近平主席在人民大会堂会见出席 2019 从都国际论坛的外方嘉宾，强调各国应承担起各自使命责任，开展建设性对话，坚持求同存异，坚持多边主义，为实现构建人类命运共同体这一宏伟目标发挥正能量。通过从都国际论坛这扇“广州之窗”，国际社会得以从不同视角进一步观察和感受中国，交流全球治理智慧，为建设和平、包容和可持续的未来秩序携手共进，各尽其能。

中国广州国际投资年会创办于 2015 年，紧扣每年经济热点和前沿话题，为国内外经济精英提供高层对话、探讨合作、共商发展的重要平台，向境内外投资者宣传广州市场化、法治化、国际化投资环境，为广州乃至全球经济增长注入新动力新活力。2021 年第七届中国广州国际投资年会，首次在全球四大洲 5 个国家设立 6 个海外分会场，签约投资总额超过 8600 亿元。借助中国广州国际投资年会搭建的重要平台，企业可有效链接国内国际“双循环”，有力撬动国内国外两个市场，迎来更加广阔的发展空间。2022 年第八届中国广州国际投资年会暨全球独角兽 CEO 大会引入胡润百富合作，发布《2023 胡润百富全球独角兽榜单》，借助胡润百富的“流量密码”进一步提高年会影响。2023 年第九届中国广州国际投资年会暨福布斯中国创投高峰论坛联手福布斯集团为广州营商环境背书，大大提高广州营商环境公信力，会上签约项目共 443 个，来自美国、法国、德国、日本、韩国、瑞典、加拿大、荷兰、新加坡等国家，涉及先进制造

业、汽车、新一代信息技术、现代商贸、新能源等战略性新兴产业。广州国际投资年会已然成为展示我国经济建设成就的重要舞台，也是向全球投资者介绍广州的重要窗口。

近年来，广州不断提升国际会展中心城市功能，结合在相关国际议题的地位优势，自主或与国际协会、组织联合举办高端国际会议，拓展主题、扩大主体、提升影响，吸引了财富全球科技论坛、CNBC 全球科技大会、官洲国际生物论坛、国际金融论坛（IFF）、国家《思客》智库年会、中国绿水青山论坛、大湾区科学论坛、亚洲青年领袖论坛等一大批备受瞩目的国际会议也相继落户广州，扩大广州在科技创新、生物医药、金融、绿色发展等重点领域的国际话语权，从更高的层面创造与世界其他国家和地区开展全方位、多领域合作的契机。

三、举办权威国际会展，赋能城市发展

国际会展本身蕴含巨大的经济效益，参与者带来世界最前沿的行业信息，提供了城市进行经贸合作、技术交流的良好机遇。广州是华南地区制造业和服务业最发达、门类最齐全的城市，拥有全国 40 个工业大类中的 34 个，已形成汽车制造、电子产品制造、石油化工制造等三大产值超过千亿元的先进制造业集群，批发零售、房地产、金融、信息服务、交通运输等增加值超过千亿元的服务业集群，行业国际影响力显著，自然而然成为中国重要的国际会展之都。

中国国际进出口交易会（简称“广交会”）当之无愧地成为广州会展业的龙头品牌。广交会的发展为广州带来了显著的社会效益，尤其是打响了广州在现代国际贸易市场中的知名度。其简称“广交会”在创办伊始便朗朗上口。据说，第一个使用“广交会”作为简称的就是周恩来总理。[①] 从 1957 年至今，广交会已经让全世界 200 多个国家和地区的 500 多

① 叶曙明：《广交会》，广东教育出版社 2010 年版。

万海外客商见证广州城市发展的巨大变化。到目前，跟外国人单纯提起广州（Guangzhou），很多人不一定有感觉，但是提到举办广交会（Canton Fair）的城市，一定会获得热烈的回应。广交会的展期不断改革，从“一届一期”到“一届两期”再到现在的“一届三期”，总展期扩展到三个星期，更多的客商愿意在广州逗留更长的时间，更好更深入地了解这座城市。通过广交会的契机，广州社会生活和人居水平的进步得以全面的展现，外国客商对广州传统文化、特色美食、发展成就、良好形象的认识不断增进。

广州以广交会为龙头，大力扶植海丝博览会、广州博览会、广州国际汽车展、国际设计周等特色展会，促进其规模效应和品牌效应不断扩大，从而提升城市国际影响力。广州拥有约 30 个连续举办 10 年以上的展会。广交会单展面积突破 100 万平方米、展览规模世界第一，而汽车、照明、塑料橡胶、设计、机械装备、美容美发化妆用品、家具、建筑装饰、酒店用品、鞋类皮革等题材的品牌专业商务展会在海内外也已经具有较强的影响力和辐射力。广州国际照明展览会面积达 20 万平方米，为全球最大照明展；广东国际美博会展览规模在行业中居亚洲第一、世界第二；广州国际设计周获得国际三大设计组织的联合认证；中国留学人员广州科技交流会被誉为中国海外留学人员交流“第一品牌”。2016 年至 2019 年，全市重点场馆举办会议场次年均增长 7.4%，2019 年达 10014 场次。[①]

要充分调动国际会议的举办和传播效能，单靠政府的力量是远远不够的。广州非常重视发挥市场的力量，鼓励各相关部门、行业协会、高校科研机构积极申办行业性、部门性、专业性的国际会议和小型圆桌会议，发动社会各界共同推动国际会议市场的发展壮大。大量国际知名会议展览公司也是国际会议的重要发起者，如法国智奥公司、英国博闻集团等全球领先的活动策划和服务供应商非常看好广州的会议市场，积极对接各自资源优势为广州创造更多举办国际会议的机会。智奥公司与越秀集团成立了合

① 《广州市商务发展“十四五”规划》，广州市人民政府门户网站。

资公司，共同开发运营广州越秀国际会议中心项目，有力带动广州市场高端会议服务能力的提高，提高广州作为会议目的地的知名度。

四、精心打造人文交流活动品牌，拉近情感距离

大型国际活动能在举办期间为举办城市带来大量的新闻流量，但是热点时间短暂，会议活动一般一两天，展会持续一周以内，综合性体育赛事最多持续几个星期。广州在积极承办大型国际活动的同时，也在不断探索借助大型国际活动的品牌关注度延展城市形象传播周期。2017 年广州承办《财富》全球论坛时，引入海外路演模式进行活动推广，以经济社会发展和城市形象为主要内容，采取复合型传播策略和推介手段，引入国际一流专业合作伙伴，针对不同国际受众，精细化、精准化开展城市形象推介活动。此后，又进一步总结经验打造了“广州故事会”中华友好交流故事会品牌和“广州文化周”对外文化交流传播活动品牌等，通过持续性、渐进式的系列推广活动不断扩大城市国际知名度和城市吸引力，为国内城市开展对外传播、提升城市国际影响力提供了成功经验和有益借鉴。

《财富》论坛海外城市形象推介会是广州借助高端平台开展城市形象传播专门活动的重要尝试。按照全球 500 强企业聚集地、国际经贸主要伙伴地区的标准，选择了伦敦、纽约、巴黎、新加坡等 13 个世界重要城市开展广州《财富》全球论坛推介活动，为全球企业和国际社会了解中国、认识广州以及广州企业走向世界提供了一个重要对接平台。在推介主题及内容策划上，根据广州城市发展战略规划和城市竞争力特质，确立了“科技创新”“智能智造”“枢纽建设”“世界花城”等系列主题，在 2017 年上半年保持了“月月有推介”的全球持续宣传频率，主题层层递进，在世界主要地区形成了全年四大波段传播热潮。在宣传团队、传播渠道、传播范围等具体策略手段方面，整合全市外事、外宣、媒体等各类资源组成新闻宣传团队，并聘请新华社海外版、罗德公关等海外传媒资源丰富的资深传播团队展开境外媒体邀请、专访活动、专稿刊发等公关服务工作，

多渠道加强与境内境外和传统媒体、新媒体合作，构建了立体化全方位传播矩阵。从对“广州”的新闻报道量来看，国外主流搜索引擎 Google 搜索热度显示，各场海外推介会所在时间段内，以“Guangzhou”为关键词的新闻搜索热度均为前后半个月期间的峰值，尤其是 2017 年 4 月 23—5 月 20 日（第三波亚太地区传播热潮）期间，新闻搜索热度达到论坛举办前 12 个月以来的最高水平，显示出系列路演推介活动在国际媒体关注和新闻覆盖率方面取得了良好成绩。

在《财富》全球论坛城市推介会的经验基础上，广州进一步推出常态化的中外友好故事会品牌活动。“十三五”以来，全国各地踊跃开展讲好地方故事的实践，广州外宣部门也进行了深入的思考。大多数地方故事发生在中国，与国外受众并无交集，传播的信息容易被视为娱乐而泛泛略过；故事传播形式主要通过纪录片或社交网络、直播网站等新媒体平台，存在受众小众和信息碎片化的缺点，无法切实形成较为深刻的地方形象，传播效率有待提高。如何克服空间距离，直面国际受众，加强传播互动，切实提高传播效能，是讲好地方故事需要深入思考的问题。为此，广州推出了中外友好故事会品牌活动。2018 年起，广州接连“借船出海”，结合国家重大外交活动，先后开展中国与巴拿马、巴布亚新几内亚、文莱、韩国、日本、意大利、希腊、西班牙等国家友好交流故事会，通过讲述一个个平凡人共同奋斗和友好往来的“小故事”，让世界各地的人们读懂广州、读懂中国，传唱友谊之歌。广州中外友好交流故事会在内容的选取上涵盖了经贸、艺术、教育、科创等多个领域和行业，用一个个鲜活的例子，以小见大，多角度多层次地勾勒出中国和对应国家友好关系发展的社会画面。同时，不同国家故事会的主题和侧重亦都不同，充分体现了故事会在选材上的精细化和精准化。例如中国 - 巴拿马友好交流故事会基于广州花都和巴拿马深厚的历史渊源，在素材的运用上也注重融入更多花都的元素；中巴、中文、中巴新三个国家故事会侧重于深耕民间友好往来的经验；中希故事会则更着眼于双方的经济往来和贸易交流等故事，从不同侧面反映了两国交往的着力点和关切点。（见表 6 - 1）

表 6-1 2018—2019 年广州中外友好交流故事会一览

故事会	时间	举办背景	故事会主题	选题联结点
中国-巴布亚新几内亚（莫尔兹比港）	2018 年 11 月 12 日	习近平主席出席亚太经合组织（APEC）第二十六次领导人非正式会议并对巴布亚新几内亚进行国事访问	把握包容性机遇，拥抱数字化未来	民间友好交往带动政企合作
中国-文莱（斯里巴加湾）	2018 年 11 月 15 日	习近平主席对文莱进行国事访问	传承友好情缘，共享开放成果	人文交往密切，两国交好历史悠久
中国-巴拿马（巴拿马城）	2018 年 11 月 21 日	中国和巴拿马建交一周年，习近平主席对巴拿马进行了国事访问	“一带一路”连中巴合作共赢谋发展	广州花都是巴拿马侨乡
中国-韩国（首尔）	2019 年 6 月 10 日	配合 G20 峰会的“魅力中国—广东文化周”活动	深化合作交流，促进民心相通	中韩经济、文化交流频繁
中国-日本（大阪）	2019 年 6 月 12 日	配合 G20 峰会的“魅力中国—广东文化周”活动	新时代新视角，共进发展新格局	友城情愫、文化交融和产业共进
中国-意大利（米兰）	2019 年 9 月 4 日	“读懂中国·广州国际会议”宣传	共叙中意友好故事，谱写中意友谊新篇章	中意再续丝路之缘
中国-希腊（雅典）	2019 年 9 月 6 日	“读懂中国·广州国际会议”宣传	携手多彩文化、加强文明交流互鉴	两个古老文明的对话
中国-希腊（雅典）	2019 年 10 月 31 日	配合习近平主席对希腊进行国事访问的中宣部“从水墨中来——中国动漫希腊行”活动	中希文化艺术友好交流	加强人文交流，巩固和增进传统友谊

续表6－1

故事会	时间	举办背景	故事会主题	选题联结点
中国－西班牙（马德里）	2019年9月8日	“读懂中国·广州国际会议”宣传	“一带一路”促进中西多领域全方位合作	广交会、广式点心、足球促成的老朋友情谊

广州中外友好交流故事会打破了地方讲述国家故事“自说自话”的单向传播模式，而坚持双边思维和国家站位，增强了故事穿透力。从中外两地听众的不同视角出发，聚焦双方互利共赢的例子。在每一场故事会上，广州注重依托当地华侨的力量，同时跳出了华人的圈子，邀请更多本地人参与到故事盛宴中去，讲述自己独有的经验。例如中韩故事会上，韩国LG集团代表、中国科大讯飞代表和韩国SKC负责人就经贸和科创领域展开叙述，给观众提供了不同的角度，同时也增加了故事和两国观众的关联性，使其更具感染力。两国代表人物的各种文化背景、阶层、领域的真实鲜活的小故事，核心是双方友好互利关系的传承和发展。从故事听众的层面看，每个人都是历史的见证者、参与者和推动者，两国关系发展惠及人民，与自己切身相关；从国家和文明交往的角度看，故事是两国文明交流互鉴，实现共生共荣、共享公治的可行性的体现。由此，故事会的宽度和深度都得到了很好的延伸和拓展。

在推动民间文化交流、传播岭南文化方面，广州也在持续发力。经过多年不懈的努力，已经形成了“广州文化周”“丝路花语”“我们，广州”等三大城市文化交流传播品牌活动，其中又以“广州文化周”频次最多、传播范围最广。“广州文化周”始创于2016年，是一项通过创排、展演精品剧目，将岭南文化集成推向国外，推动广州与世界各地文化交流互鉴的系列活动。2016—2019年间，“广州文化周”23次走出国门，上演64个“广州时刻”，吸引了24个国家和地区数百万海外友人共赏广州艺术、共享广府文化。[①] 在“广州文化周”平台上推向世界的文化内容既

① 广州市商务局、广州市社会科学院：《广州建设“一带一路”重要枢纽城市发展报告》，广州出版社2020年版。

有粤剧、广东音乐、杂技、木偶、历史文物等岭南传统文化精品，也有雕塑、话剧、音乐剧、现代歌舞等广州当代艺术精品，形成了“文艺演出为主”和“展览交流为主”的两大活动模块，奏响了广州文化广泛传播的最强音。（见表6－2）

表6－2　部分广州文化周主要活动

活动	依托平台	主要内容
2016广州文化周·许鸿飞雕塑世界巡展秘鲁站	国家高访活动	国家领导人访问秘鲁、参加APEC会议期间，“肥女”欢乐的形象向世界展示当下中国的时代精神风貌
2017广州文化周·欢乐春节英国行	欢乐春节	11场专场演出和多场交流洽谈活动
2017广州文化周·南国红豆耀云城	—	献演2场经典传统粤剧《黄飞虎反五关》与《折子戏精选晚会》，举办2场粤剧艺术培训讲座
2017广州文化周·岭南杂技亮狮城	—	4场广州本土原创的大型武侠杂技剧《笑傲江湖》
2017广州文化周·许鸿飞雕塑世界巡展汉堡站	国际友城交流	广州与德国汉堡缔结友好港一周年展览。
2017广州文化周·友城文化交流活动	国际友城交流	广州与瑞典林雪平市缔结姊妹城市20周年，广州与芬兰坦佩雷市缔结友好城市10周年，10天的友城文化交流活动
2017广州文化周·海丝映粤文物精品展（葡萄牙）	—	广州首个走出国门的“海丝”文物专题展，持续100天，精选了秦汉时期琉璃珠饰等精品海丝主题文物共30件（套）
2017广州文化周·许鸿飞雕塑世界巡展罗马站	—	新作《腴音永恒》，以罗马悠久的音乐文化为创作基调、融合我国中国传统民族乐器，让“肥女”既有东方神韵又不失西方魅力

续表 6－2

活动	依托平台	主要内容
2017 广州文化周・许鸿飞雕塑世界巡展波哥大站	国际友城交流	2016 年，广州市与波哥大市签署了两市加强友好交流与合作备忘录，许鸿飞雕塑代表广州与波哥大对话交流，继续加深两地人民的友好情谊
2018 广州文化周・《邯郸记》世界巡演伦敦站	—	《邯郸记》的同名话剧，2016 年“汤显祖・莎士比亚广州戏剧文化年”年度大戏
2018 广州文化周・欢乐春节新西兰行	欢乐春节	集中呈现广东地方曲艺、岭南杂技、中西乐曲、现代舞蹈等多种舞台艺术精品，文化为媒增进两国人民之间的了解和友谊
2018 广州文化周・欢乐春节墨西哥行	欢乐春节	广东木偶、岭南歌舞
2018 广州文化周・广东音乐非洲行	国际友城交流	中国与南非建交 20 周年，演出广东音乐曲艺、粤曲经典、琵琶与打击乐等 10 多项中国古曲和广东音乐优秀曲目。并举办了中国音乐工作坊、“南非儿童院”慈善联欢活动、中国民族乐器交流座谈会等活动
2018 广州文化周・雕塑精品展	国际友城交流	广州与法兰克福缔结友好城市关系 30 周年，组织广州雕塑院举办精品展览，展出了广州本土的 33 件雕塑精品
2019 广州文化周・方锦龙国乐世界巡演大洋洲站	国际友城交流	琵琶巡演、《广州文化周・琵琶的前世今生》—— 2019 大洋洲方锦龙乐器珍藏展
2019 广州文化周・欢乐春节美国行	欢乐春节	多场精彩演出及中国非遗文化展示

资料来源：作者据公开报道整理。

第三节　高层次结交国际伙伴

加强国际传播能力建设，旨在帮助国外民众、国际社会更好地认识中国、理解中国，推动我国同各国的民心相通，共同为推动构建人类命运共同体做出积极贡献。城市形象的国际传播，不仅要在舆论场上树立良好的国际形象，更要在对外交往中“讲好城市故事”，积极参与城市间国际事务，在国际舞台上发出中国城市声音，使城市的魅力转化为结交伙伴的吸引力，为国家发展创造良好的外部环境，为中国推动国际秩序和全球治理体系向更为公正合理的方向发展贡献地方智慧和力量。

一、国际伙伴关系传播的原理及应用

传播学中十分强调关系的维护。良好的关系能够对传播效果产生正向的影响。具有共同的社会背景、类似的成长或发展经历、相似的立场和利益关切点的人，用熟悉的表达方式，所传递的信息更可信赖，更具说服力和感染力。关系传播一般经历三个发展阶段，即开始和构建关系阶段、保持关系阶段和可能发生的冷淡和终止关系阶段。在开始和构建关系阶段，侧重于获取有关对方的信息，增进了解而减少不确定性。随着关系的推向深入，双方开始交换更为主管的自我感觉、观点和想法，寻找共同感兴趣的事物。在建立了一定程度的亲密关系之后，则要保持一定频度的互动，如面对面交谈、通信工具、社交网络联系等来保持关系。整合双方的社交网络能够使双方从不同语境进一步增进了解和相互欣赏，还会使双方的关系网相互链接，产生网络效果，从而使关系传播更加稳固。双方也可以以

各种行为方式来削弱亲密程度。[①] 相对于大众传播，关系传播具有更强的现场感、互动性和交融性。面对面对话互动交流，使传播内容更加具备亲和力与个性，使参与者能够亲身感受到讲述者的真情实感。

外交学上国际关系的发展实际上与国际传播的关系维护原理相同。传播力决定影响力，话语权决定主动权。在当今信息全球化时代，国际传播能力对对外交往活动的直接和间接影响日渐增强。刘小燕提出，国家的政治外交、军事外交、文化外交、经济外交、能源外交、体育外交以及舆论外交（包括媒体外交）等都是“国家对外传播载体”[②]。城市开展对外交往也离不开有效沟通对接和信息传递。城市对外交往无论采取何种形式，其交往本质首先是人的交往，从传播学角度来看也属于关系传播，是传递有关城市的知识、情感、意见、愿望和观念等信息的重要渠道。按照受众行为的发展过程，国际传播受众可划分为潜在受众、知晓受众和行动受众，对外交往对象可以说是属于“已知晓并产生了积极行为”的那一部分受众。因此，加大传播力度、促进潜在受众向行动受众转变，是扩大城市对外交往对象和主体的有效途径。因此，从这一角度来看，城市对外交往为国际传播提供了一个重要途径，而在对外交往过程中加大传播力度则是提升交往总体实效的有力手段。城市对外交往“寻求实现本地整体利益”的目标特性和社会各界共同参与的形式特点决定了交往对象具有广泛性、多样性的特点。城市交往各类对象，包括国际城市伙伴、国际组织及其工作人员，与城市发展紧密关联的企业、社会团体乃至个人都是城市对外交往的主要对象，具体来看主要有友好城市、外交领事机构、国际组织、跨国公司、民间团体、海外新闻媒体和华人华侨、对华友好人士等，还包含了目标区域的普通民众以及由各类人群所组成的群体。在政治领域，城市对外交往主要有高层互访、设立领馆、结为友好城市、国际组织活动等；经济领域的交往主要表现为经贸往来、招商引资、跨国公司和涉

① ［美］韦尔德伯尔等：《传播学》，周黎明译，中国人民大学出版社 2013 年版。
② 刘小燕：《国家对外传播载体》，载《新闻与传播》2010 年第 1 期。

外企业等；社会领域的对外交往主要是国际会展、人员往来等；文化领域对外交往则主要通过文娱展演、教育培训、媒体宣传、体育赛事、旅游等途径进行。提升对外交往的国际传播能力，是城市增强对外交往能力、扩大城市国际影响力和话语权的内在要求和必需途径。

二、友好城市交往，厚植国际情谊

国际友好城市是广州城市对外交往活动的最主要对象。广州开展友城工作 40 多年以来，友城数量持续增加、结好布局不断拓展，已经成功实现友城“百城计划”目标。2021 年尽管受到全球新冠疫情的影响，广州仍与 13 个海外城市结为国际友好交流城市，其中与塞内加尔、佛得角、爱沙尼亚、黑山、白俄罗斯、巴基斯坦、匈牙利等国实现首次城市结交，打开国际交往全新空间。2022 年，广州与伊朗德黑兰市建立国际友好合作交流城市关系。2023 年广州与老挝阿速坡省、越南河内、塞浦路斯利马索、牙买加金斯顿结好，至此，广州国际友好关系城市共计 105 个，广泛分布在世界六大洲。以友好城市为统领，广州构建了友好城市—友好城区—友好港口—友好机构“四位一体”格局，全方位拓展国际友好伙伴。

丰富多彩的文化交流活动是广州与国际友城拉近情感距离的最重要手段。广州积极推进友城之间的市民交流，组织了市民代表团赴德国法兰克福、法国里昂等地进行“友城之旅”，搭建了广州国际友城足球交流学校、广州国际友城大学联盟等机制化交流平台，广州地区中外友人运动会已成功举办十一届。为了稳定交流队伍、提高交流质量，广州于 2017 年专门成立了广州国际友城文化艺术团，通过到国际友城举办有影响力的文化交流活动，打造出广州向世界“讲好中国故事”的对外文化交流品牌，在友城民众心中有效释放了广州开放包容的城市文化魅力，促进中外人民情相连、心相通。以广州国际友城文化艺术团为主力，广州相继举办了 2019 年“友城大联欢”——纪念广州开展国际友好城市工作 40 周年大会系列活动，与洛杉矶结好 40 周年庆祝活动、与悉尼建立友城关系 35 周年

庆祝活动、广州—南非德班友城交流会，派代表出席中国—巴西友好城市云端对话会等活动。即使在疫情期间，也以互联网等途径举办了“中非友谊云端唱响”文艺联演活动、“花舞四海情”——广州国际友城文化交流演出，续写友城合作新篇章。为增强传播的体验感现场感，广州还把友城市民“请”到家里来，“友城大联欢”活动邀请到来自 26 个国家 35 个城市的代表齐聚广州，共叙友谊；“相约广州”系列活动邀请友城市民前来广州，在亲身经历和感受中更加了解广州。

广州通过创新务实的合作机制建设展现深化友好交往、共赢发展的诚意。2014 年广州与友城洛杉矶、奥克兰结成“三城联盟”，举行了多次经贸交流会议，成立了经贸、港口和城市规划等三个专项联盟，在旅游、文化、创新、教育等多个领域签署了合作协议，树立了国际友城合作的典范。2018 年广州代表团参加了“选择洛杉矶”投资峰会和广州—奥克兰—洛杉矶三城联盟经贸交流系列活动。2019 年，广州代表团参加新西兰科技周暨奥克兰—广州—洛杉矶三城联盟经贸合作和纪念广州、奥克兰结好 30 周年等系列活动；三城圆桌会议成功举办，共同签署了合作备忘录。在广州—奥克兰—洛杉矶三城联盟的运作经验基础上，广州进一步扩大友城多边合作尝试。在 2018 年“广州—法兰克福结好 30 周年”庆祝仪式上，广州与法兰克福两市市长共同签署有关《加强交流合作备忘录》，共同倡议建立广州—法兰克福—里昂三城合作，推进搭建新的合作平台。2019 年 1 月，三城合作意向书签署，正式开启广州—法兰克福—里昂三城多边合作，明确将加强在经贸、会展、金融、科技创新、文化、教育、青少年等领域的多边交流合作，加强了联盟城市间的互动交流与务实合作，成功树立国际友城合作的典范。

三、在城市国际组织中发挥领导作用

真诚的付出为广州在国际城市伙伴中赢得了较高的威望，助推广州活跃在多个权威的城市国际组织当中，国际多边交往取得突破。数据显示，

目前广州已经与120多个区域性国际民间组织、国外友好团体（机构）建立了友好关系，并加入了世界大都市协会（Metropolis）、世界城市和地方政府联盟（UCLG）、世界经济论坛、国际公园协会、亚太城市首脑会议等具有广泛国际影响力的世界性国际组织。其中，尤以与世界大都市协会、世界城市与地方政府组织的合作发展最为突出。

早在1993年广州就加入了世界大都市协会，并于2004年作为世界大都市协会会员，以创始会员城市的身份加入了世界城市和地方政府联合组织。广州积极参与两个组织各项组织事务，成功举办了世界大都市协会广州董事年会、UCLG世界理事会会议等组织会议和相关活动，充分利用国际组织搭建的交流平台，积极拓展对外交往的新渠道和新形式。广州的城市治理的成功实践也在UCLG活动中崭露头角，相继有2008年“新河浦历史文化保护区”保护项目荣获第三届世界大都市奖，2009年广州市荣获“第五届世界水论坛水治理奖”第一名，2010年广州的城市战略规划案例成功入选《全球城市战略规划政策文件》等。这些实践和成果为广州在组织内逐步树立了较高的声望，广州市行政首长代表UCLG亚太区连续四届当选UCLG联合主席，并于2020年首次当选世界大都市协会主席城市，为广州更好地发挥国际城市中的影响力，推动全球城市议程设置奠定了坚实的基础。

通过世界大都市协会和世界城地组织，广州广泛联络了分布在世界各地的上百个会员城市，建立了更加广泛的全球城市伙伴网络。2012年，广州市与世界大都市协会、世界城地组织共同创设了“广州国际城市创新奖”（简称“广州奖”）。广州奖是城市创新领域的国际奖项，旨在交流城市创新发展的先进经验，表彰城市和地方政府推动创新发展的成功实践，倡导城市创新发展的科学理念，进而推动全球城市的全面、和谐与可持续发展。广州奖的设立具有划时代的意义，有利于鼓励各国城市提出面向未来发展的首创行动。奖项的评选面向全球范围内的城市和地方政府，参评项目但凡涉及城市创新相关的规划、设想和实践，不限定特定领域，赋予评奖极大的创新开放性，更激发了全球范围内的申请热情。UCLG主

席、伊斯坦布尔市长更是将广州奖高度评价为“地方政府联合国的诺贝尔奖”。经过十年耕耘，广州奖已经发展成为全球城市治理创新与可持续发展最权威的交流平台之一，涵盖101个国家和地区653个城市，汇集全球1635个城市创新案例，先后发展出国际城市创新数据库、历届广州奖案例调研报告、国际城市创新领导力研讨班、全球市长论坛、《第五届广州奖地方实施可持续发展目标报告》等一系列框架下研究成果和国际活动，充分利用广州奖的合作交流平台和参评案例成果，持续地为城市治理开出良方，推动广州进一步积极参与全球治理体系改革和建设，传播广州在城市创新治理领域的最新成果，加强城市治理国际交流。广州奖是广州为全球城市治理贡献的公共产品，也体现了中国城市在推动全球城市治理创新合作、构建人类命运共同体过程中的担当和作为。2016年10月，第三届联合国住房和可持续发展大会通过了里程碑式文件——《新城市议程》，强调“所有人的城市”的基本理念。广州主动思考《新城市议程》下的城市担当与作为，从2018年起，与中国人民对外友好协会联合发起创设全球市长论坛，与广州国际城市创新奖及广州国际城市创新大会同步举办，在广州奖的基础上努力为全球城市提供一个层次更高、覆盖更广、成效更丰富的城市发展经验交流和创新合作平台。

此外，广州还加入世界城市文化论坛、城市气候领导联盟（C40）等国际城市多边组织并发挥积极作用，国际话语地位进一步提升。在丹麦首都哥本哈根举办的C40城市气候领导联盟市长峰会上，广州市“电动公交车”项目获得七项“城市奖”之一“绿色技术”奖项，作为本次获奖唯一的中国城市传达出应对全球气候变化的努力和愿景。在世界城市文化论坛（WCCF）中，广州积极推介本市文化产业发展和非遗保护的典型案例，为促进世界城市文化政策研究与文化创意产业发展贡献推动力量。

四、参与主要国际组织事务，展现广州责任

联合国、世界银行、世界卫生组织等主要的政府间国际组织是维护国

际秩序，凝聚国际发展合力的重要力量。国际传播能力建设要实现服务构建人类命运共同体的目标，必须胸怀天下，对接国际组织国际传播的议题设置，将具有世界影响和意义的本地实践推向国际舞台，身体力行支持国际秩序。凭借在国际城市交流合作中的突出作为，广州从芸芸众城中脱颖而出，获得各大权威国际组织的青睐。2019 年，广州国际城市创新奖应邀亮相首届联合国人居大会，有力展示了全球城市创新对实现《新城市议程》和联合国可持续发展目标的重要作用，获得联合国人居署高度认可，也开启了广州在更高层次参与国际事务、展现广州担当的新征程。此后，广州的身影日渐活跃在联合国、世界银行、世界卫生组织等国际组织的活动行列当中。

近年来，广州越来越多地参与到联合国框架下的发展事务当中。2019 年，联合国工业发展组织正式授予广州首批全球“定制之都”称号，标志着广州定制行业作为先进制造业和服务业的代表，受到国际高度认可。2020 年，由联合国世界粮食计划署设立的全球人道主义应急仓库和枢纽落户广州，为包括联合国系统、各国政府及其他人道主义合作伙伴在内的国际社会提供全球抗疫应急响应，与比利时列日、阿联酋迪拜等地筹备设立的全球应急枢纽共同构建全球人道主义应急网络。广州市向联合国提交《活力 包容 开放 特大城市的绿色发展之路——联合国可持续发展目标广州地方自愿陈述报告》，全文被发布于联合国官网可持续发展目标专栏，这是联合国官网首次登出中国城市提交的地方自愿陈述报告。广州还与联合国人居署合作开展了全球试点城市规划设计实践，为各国城市可持续发展道路探索新的可行道路。2022 年 9 月 2 日，广州成功加入联合国教科文组织“全球学习型城市网络会员”。国际大都市在支持可持续发展主张，推动人类共同发展的国际担当得到了更充分地发挥。

广州与世界银行的合作也十分密切，全力支持世界银行促进地方发展的行动。2020 年以来，广州与世界银行合作开展“中国可持续发展城市降温项目”试点工作，推动广州“酷城”行动，探索提供可持续、可负

担的城市降温综合解决方案。广州作为全球亚热带地区人口与经济活动最集中、规模最大的城市之一，城市发展面临的气候挑战与治理途径具有典型性和代表性，又在生态保护、绿色发展、人居环境建设等可持续发展方面具有良好的基础，探索形成可实施、可推广的城市降温措施，对全球城市降温这一重要议题和战略行动具有探索性和示范性意义。为期约一年半的试点工作，激励广州加快优化城市规划、改善城区环境，力争成为全球气候治理"领先城市"，传播对全球有益的发展理念，为其他城市和地区提供学习范本。

面对挑战，人类比以往任何时候都更需要加强合作、共克时艰、携手前行。广州以实际行动，充分表明了中国推动构建人类命运共同体的坚定立场，表达了加强国际合作、继续扩大开放的鲜明态度，为携手应对全球性挑战贡献智慧和力量。

第四节　高质量生产传播产品

传播产品也是城市形象国际传播的主要形式之一。在互联网时代，城市形象的传播再无国界的区分，各种城市信息的传递必然是相互联通的。一座富有生机活力的城市，需要有强大的传媒力量来推波助澜。当前中国城市的社会经济发展日新月异，大众传媒需要记录、见证并传播城市发展的辉煌历史，需要优质的传播内容供给，正确地引导舆论、传播科学发展与和谐进取的城市文化，成为城市性格和城市灵魂的铸造者和传播者，为城市带来良好的口碑。与传播活动相较，传播产品属于长效的传播，不受场合、地域、篇幅限制，传播周期较长。而要用好传播产品的途径，则要在产品生产时更准确地融入城市形象的内涵，提高产品质量。

一、“花城”主题新闻策划调动全球创意

花文化是一种普适性的文化，由花的象征意义衍生出的花语已成为世界范围内通用的信息交流形式，被普通民众所熟知，以花语为阐释符号传递的信息更易于理解吸收。而“花城”又是广州自古以来深入人心的城市形象。广州“花城”的美誉延续千年，通过打造千年花城新名片，广州花城形象的影响力在海内外不断上涨，美誉度不断提升。抓住花文化这一广州城市形象与国际语境得天独厚的连结点，面向国际普通民众策划了“花城”系列城市形象推广新闻内容。

从2013年起，广州谋划树立“广州过年·花城看花”春节城市外宣品牌，从前往国内各大城市进行推介，到邀请海内外宾客来广州过年，再到将3天的传统花市拓展为“3+15”天的春节民俗活动，广州对这一城市文化品牌的创新从未止步。2018年，广州迎春花市首次走向海外，在巴黎、巴塞罗那等城市举办海外迎春花市活动，塑造“世界花城”形象。2019年，广州海外新春花市再度漂洋过海，来到位于美国纽约的哥伦比亚大学校园，以“邂逅哥大——广州海外新春花市嘉年华暨广州故事会”为主题推介广州的迎春花市、春节民俗和粤式美食，为中外学子呈现原汁原味的广式新春习俗和广州这座千年古城的独特魅力。广州“海外花市”第三度走进世界花都巴黎，2020“花开双城——中法文化交流故事会暨海外花市”活动在法国巴黎举行，广州塔与巴黎埃菲尔铁塔开启“亲密对话”，向全球传递浓浓的中国年、岭南味，邀请了法国政府文化部高层官员、当地知名艺术家、文化学者、高校代表、媒体等近200人出席活动，从文化、历史、艺术、时尚、花卉、美食、粤剧、电影、纪录片等各个方面，讲述广州与巴黎双城相遇的美好时光和友好合作故事，伴随海上丝绸之路的延续和复兴，书写开放花城携手世界的动人故事。

2016年，广州还尝试创新推出了双语版《发歌》的网络传播和“丝路花语”创意报道。双语版《发歌》将粤语“花”的发音近普通话中的

“发”、英文中的“FUN”和幸运数字“8”等元素串联，采用了“岭南民族风舞曲 + rap 说唱”的音乐风格，在歌词和 MV 画面冠以“逛花街”“逗利是”“赛龙舟”“饮早茶”和广州国际马拉松等城市景观和民俗符号，传递广州作为国家历史文化名城、国际商贸中心、枢纽型网络城市的城市形象。并就英文表达习惯特制英文版 *Our Song*。“八八八八，My lucky number”“发发发发，发发来一起发”等歌词朗朗上口、旋律律动感强，既动听又“洗脑”。为广州量身定做的《发歌》，歌名巧妙利用“花”和“发”的谐音，凸显岭南地域特色；歌词、MV 及双语版本具有国际化色彩，让原本不了解广州甚至不熟悉中国的西方参与者也能迅速融入广州故事。海内外各大传统媒体、新媒体网站及音乐平台上《发歌》有关音视频总浏览（收听）量已超过 5000 万人次，有关新闻报道浏览量超过 1.7 亿人次，“神曲”以生动活泼的形式有效传递了“花城”广州美丽、开放、友好、奋进的国际化大都市气息。

“丝路花语”项目是一项创意城市推介广告，它设计了世界各地代表花之间的来信、回信场景，以“花语”拟人化的手法叙述花城广州与世界各地的交往故事，表达广州开放发展、欢迎五洲宾朋的美好意愿。以在《广州日报》投放的半版《你有一封“丝路花语”的来信》彩色悬疑式广告作为起点，阿根廷、巴基斯坦、埃及、新加坡、英国等各国权威主流媒体分别选择木棉花、素馨花、莲花、兰花、玫瑰花等国家国花对应广州“美丽、活力、开放、包容、友好”的城市气质，以“丝路花语”给花城广州寄语来信的形式整版刊登对广州的宣传介绍。此后，《华尔街日报》国传专版、《广州日报》分别整版投放了广州给“丝路花语”的“回信”《花开广州 · 盛放世界》（*Guangzhou*, *Flower City in Bloom*），指出广州一直是中国对外开放的窗口，并在“一带一路”倡议的推动下积极践行“和平合作、开放包容、互学互鉴、互利共赢”的丝路精神，加速对外开放和创新发展的步伐，迅速崛起为国际枢纽城市及海丝沿线国家和地区的重要纽带。“丝路花语”项目的国际传播系列组稿在第一时间被当地主流媒体门户网站及重点新闻信息服务平台转载近 400 家（次），当中包括日

本共同社、巴基斯坦国际通讯社、《每日新闻》、《朝日新闻》、《美国城市商业日报》、雅虎、墨西哥通讯社、美国广播公司、美国全国广播公司、哥伦比亚广播公司、福克斯有线电视网旗下各地电视台网站主页、德新社、西班牙埃菲社等，遍布亚太、美洲、欧洲地区的主要国家，估计覆盖读者达1亿人次，传播效果显著。其线上互动H5小游戏共吸引超过2万人次参与。

二、城市形象宣传片集中传播城市影像

城市形象是城市文化软实力的重要体现，是对外推介城市的重要方式，也是进一步提高国际知名度和影响力的重要举措。广州素有“花城”之美誉。以“花”为主线，广州历时六年打造了“花开广州”三部曲城市形象宣传片品牌IP。从2017年《花开广州　盛放世界》、2019年《花开广州　汇聚全球》，到2021年新版宣传片《花开广州　幸福绽放》，诠释了广州从走向世界到拥抱世界，再到践行人类命运共同体的城市升华。

围绕《花开广州　幸福绽放》，广州重磅打造“1+11+118+N”广州城市形象宣传片矩阵，全方位增强城市形象的视听体验。“11”是指按照“一区一特色、一区一品牌”的战略，全市11个区结合各自区域发展规划以及区内历史文化特色，制作具有独特魅力的区级形象宣传片，打响区域特色品牌。“118”是指全市118家新闻发言人单位根据各自职能，围绕各自领域，从不同角度推出118个各显特色的宣传片。“N”是指各相关主题的系列子宣传片，通过发动具有国内国际影响力的媒体和资深媒体人、网络红人等推出相关正能量、从不同角度宣介城市的系列主题子宣传片。城市形象宣传片制作拍摄引入了5种力量，包括政府、央媒、企业、自媒体、个人，立体、全面、多维度展示广州传统与现代、开放与创新的国际大都市形象。

2020年初，路透社新闻研究所（The Reuters Institute for the Study of Journalism）对来自32个国家的233位专业媒体人士进行了访谈调研，超

过一半（53%）的受访者认为播客是未来传媒发展的主流趋势，用户成为媒体重要的内容生产者。播客在2020年迎来了黄金时代，为了在这条赛道上夺得先机，广州精心选择培育近400个采访点，整合相关外宣图文素材，建成了广州外宣资源库，谋划搭建外宣服务共享平台，便于媒体、播客获取创作资源，汇聚众智扩大广州形象的传播创作。

三、文化精品勾勒城市印象

文化贸易是各国文化交流与合作的重要方式之一，而国际市场贸易份额则在一定程度上显示出国际文化传播的程度。随着中国特色社会主义文化的持续繁荣，文化国际传播的内容形式愈加丰富，文化贸易、文化活动、海外中国文化中心蓬勃发展。据世界贸易组织数据，近十年我国创意产品出口数额在不断提升，平均每年涨幅在10%以上，各类创意服务涨幅在17%以上。地方是国家大外宣格局的重要组成部分，地方文化对国家文化的体系化形成重要支撑。近年来，广州在文化贸易领域取得了长足的进步。国家文化出口基地落户天河、番禺，广州开发区打造“广州‘一带一路’版权产业服务中心”，涌现了一批具有国际竞争力的文化出口企业，其中14家企业和项目获评2021—2022年国家文化出口重点企业和重点项目，形成良好的产业生态。2021年，广州市文化服务出口超过4500万美元，同比增长近150%，其中文化创意离岸服务外包超过1000万美元，同比增长超过300%。

广州在城市形象国际传播上不断推出文化精品内容，在世界舞台上讲述广州故事，传递友好之声。电影《南哥》与美国电影发行公司签约全球发行，显示广州文艺精品已形成品牌效应。原创歌剧《马可·波罗》作为交流项目被列入中意第二次文化机制项目，开启了世界巡演航程。话剧艺术中心作品《邯郸记》《南越王》赴俄罗斯和匈牙利进行文化交流演出；芭蕾文化艺术有限公司舞剧《在水一方》参加加拿大国际舞蹈艺术节；大型芭蕾舞剧《胡桃夹子》赴希腊演出；杂技团携剧目《笑傲江湖》

到新加坡等国家演出；广州歌舞剧院歌舞荟萃《魅力岭南》赴意大利帕多瓦、米兰孔子学院演出；原创舞剧《醒·狮》赴新加坡展演；现代芭蕾舞剧《布兰诗歌》和民族芭蕾舞剧《洛神》登陆美国纽约林肯中心大卫·寇克剧院。穗港两地知名粤剧演员联袂出演的原创戏曲音乐剧《一代天娇》赴加拿大多伦多、温哥华两站演出 27 场。“广府春秋”系列纪录片第一季《山海之间》荣获 2016 年欧洲“中国银幕”电影节特别奖以及第十一届“中国纪录片国际选片会”人文类一等奖，国际化的影像表达获得业内专家学者充分肯定。广州市杂技艺术剧院有限责任公司剧院先后在国内外杂技赛场上获得了 100 多个奖项，《升降软钢丝》节目参加第 32 届蒙地卡罗国际马戏节比赛获得“金小丑”奖，《青春节奏—足尖空竹》等节目获第 29 届蒙地卡罗国际杂技比赛“银小丑”奖。

广州还积极开发纪录片等多种类型的影音产品，受到市场的欢迎。广州立足古代海上丝绸之路发祥地的历史文化底蕴，先后出品《穿越海上丝绸之路》《海上来客》《阳光之路》等系列纪录片讲述文化交流交融的故事，推动“一带一路”沿线国家民心相通。广州认真落实习近平总书记与中非合作论坛非方共同主席国领导人共致贺电的重要精神，与新华社中国新华新闻电视网联合开展拍摄《你好，非洲》中非纪录片，从中非经济文化合作入手，以“国际视野 + 国家站位”“大视角 + 小切口”“高度 + 温度”相结合的方式，通过非洲主持人讲述非洲人在广州生活的方方面面或广州人在非洲生活工作故事，特别是真实反映面对突如其来的新冠疫情，中非友人并肩战“疫”，友好互信的兄弟情谊。广州游戏产业也强势闯入海外市场，受到国际玩家的热烈追捧，接连出现网络“爆品”，在国际市场占据了重要的份额。

广州以岭南文化为纽带，推出了一系列高水平的文化活动，增强广州的文化魅力和人文感染力。2017 年以来，广州每年举办一届广州文交会，“广州文交会、文化广交会”日益成为广州文化重要品牌和全球文化交易平台。2017—2019 年三届广州文交会实现直接成交额共 67 亿元人民币，协议签约额累计高达 507 亿元人民币，展会规模、成交金额和影响力逐年

提升，逐步成为链接全球高端资源、汇聚业界精英的高端综合平台。广州文交会立足深厚、丰富、多元的城市文化底蕴，借助创新思维和观念拓展，整合了广州国际艺术博览会、中国（广州）国际纪录片节、中国国际漫画节、中国国际演艺交易会、中国国际儿童电影展、广州大学生电影展等成熟高端的文化会展资源，统筹组织、集中打造的综合性文化产业交易平台，多项文化品牌成为广州亮丽的文化名片，被誉为“文化界的广交会”。文化精品加大力度走出去，使广州文化品牌走进国际读者的心田，成为进一步讲好广州故事的重要突破口。

第七章

提升广州城市形象、讲好中国故事的战略思路

在长期的传播实践中，广州城市形象逐渐清晰，国际地位不断提高，国际影响力不断增强。在丰富扎实的传播内容基础之上，更要深刻思考国际传播需要准确表达的思想内核。新征程上，广州要以习近平总书记对广州发展历程的总结提炼为抓手，深入把握中国式现代化指导下城市发展实践的示范意义，匹配、整合自身资源，有的放矢地提升城市形象，创造更鲜明、更丰富、更具传播生命力的中国故事，丰富国际受众对中国式现代化的认知。

第一节　战略使命：讲好中国式现代化广州故事

习近平总书记指出，各地区各部门要发挥各自特色和优势开展工作，展示丰富多彩、生动立体的中国形象。国际传播成为全国上下从中央到地方都要积极参与的一项重要使命。要加强大外宣格局建设的基础理论研究，明确地方在“传播中国”事业中的角色和使命，以理论扩大地方国际传播的视野和格局，指导地方国际传播实践。广州作为粤港澳大湾区的中心城市之一，承担国家重大发展使命，在多主体、立体式国际传播格局的建设中，是央地联动的重点地区，主动对接国家对外传播体系，坚持以国家站位和国际视野谋划和推进国际传播工作，推动广州国际传播主体融入国家队。要认真总结提炼广州实践经验，开展充分发挥地方性的优势，实现国家话语和中国叙事体系的广州具象化，大力提升城市知名度和美誉度，全面增强城市吸引力和竞争力，弘扬敢为人先、奋发向上、自强不息、开放包容的城市精神，将城市国际形象转化为新时代广州发展的战略优势，实现老城市新活力，着力建设粤港澳大湾区国际大都市。

一、坚持国家战略与城市实践相结合，提升传播议题设置的运筹水平

当前中国的发展优势和综合国力还没有转化为话语优势，加强国际传播能力建设是新时代中国特色社会主义建设的重要内容。国际传播工作的功能即增进国际了解和理解，消除误解和偏见，为全面建设社会主义现代化国家、实现中华民族伟大复兴的中国梦创造有利条件。要自觉从全局和战略高度审视和谋划广州国际传播工作。习近平总书记指出“要更好推动中华文化走出去，以文载道、以文传声、以文化人，向世界阐释推介更

多具有中国特色、体现中国精神、蕴藏中国智慧的优秀文化”。必须将“讲好中国故事，传播好中国声音，展示真实、立体、全面的中国”作为国际传播工作的宗旨和根本遵循。将中国理论阐释地方实践，用地方实践升华中国理论，打造融通中外的新概念、新范畴、新表述，更加充分、更加鲜明地展现中国故事及其背后的思想力量和精神力量。

城市外宣工作是国家整体外宣事业的有机组成部分，以城市为主的地方发展进步实践成绩正是印证中国道路、中国制度、中国文化优越性的一手素材。通过对城市经济、文化、社会、生态文明等多个视角发展研究成果的国际语境改造，为中国精神、中国价值、中国力量的国际传播提供学理支撑。尤其是以小见大加强对中国共产党的宣传阐释，帮助国外民众认识到中国共产党真正为中国人民谋幸福而奋斗。城市在国际文化交流传播中更具丰富性和灵活性，挖掘本地普通民众的平凡生活故事，以小见大反映中华文化内涵、中国现实面貌和中华民族品格，往往具有较好的传播效果。

随着中国日益走近世界舞台中央，中国领导人的活动成为国际舆论关注中国的首要传播热点，能够有效实现对外传播报道覆盖面、影响力和粉丝数量的跃升，这是城市提高国际传播工作效能的绝佳时机。广州在开展外宣工作时要重视将地方发展实践置于国家大外宣格局当中考量。在传播节奏上自觉找准地方实践与国家重大活动的契合点，把握好国家领导人，尤其是习近平主席重要外交活动期间是国际舆论高度关注的时间窗口和外宣契机，配合国家重大活动开展国际传播工作。在传播议题设置上注意找准地方故事与主场活动主题的套嵌，以广州实践案例反映中国共产党治国理政、中国人民奋斗圆梦、中国坚持和平发展合作共赢、构建人类命运共同体等核心内容，赋予广州实践更广阔的空间和更深远的意义，传播共同价值。广州是岭南文化的中心地，岭南文化作为在海外传播较广的中华文化内容之一，更具国际交流的亲和力；广州又是中国对外开放的前沿之一，散发着新时代中国开放创新、拼搏奋进的力量，因而自然而然成为中国故事的“素材宝库”。广州要将讲好中国式现代化故事的主线贯穿到国

际传播工作的始终，紧紧围绕红色文化、岭南文化、海丝文化、创新文化，通过不断探索创新工作方式方法，展现地方蓬勃发展和人民幸福生活的真实图景，升华中国理论，更加充分、更加鲜明地展现中国故事及其背后的思想力量和精神力量。

二、坚持宏大叙事与微观故事相结合，走进受众当中做好传播

故事化叙事、细节化表达，是信息传播的重要方式，也是不同国家和地区之间沟通情感、凝聚共识的主要载体。以中国代表性城市形象丰富国家形象层次，就要研究国外不同受众的习惯和特点，采用融通中外的概念、范畴、表述，把我们想讲的和国外受众想听的结合起来，把“陈情”和“说理”结合起来，把“自己讲”和“别人讲”结合起来，提高传播内容的接纳度，使故事更多为国际社会和海外受众所认同。

广州作为海上丝绸之路的重要始发港之一，对外交往历史悠久。2000多年来，广州一直是中国对外贸易的重要港口城市，逐渐成为中国对外开放交流的重要窗口和门户，开放的悠久历史和深厚传统扎根于城市血脉，为进一步联通世界、实施高水平开放建设新时代活力城市奠定良好基础。作为广东省会城市，广州在改革开放进程中发挥举足轻重的作用，成功把区位优势转化为开放优势、产业优势，由“千年商都”向“现代商都”嬗变，凸显对外经贸发展的基础优势。当前，广州已稳居世界主要城市排名前列，广州正在高起点、高标准、高水平推动国际消费中心城市、国际交往中心、“一带一路”重要枢纽城市建设，向世界传递数智化、时尚化、现代化的城市形象，以国际大都市的靓丽身姿丰富中国形象。在新兴赛道不断迭起、新一线城市奋起追赶的背景下，广州要勇担重任，进一步强化国家中心城市城市发展能级，努力当好“两个重要窗口”的标杆城市、粤港澳大湾区核心引擎。国际传播工作要立足国家站位，在深入分析受众的文化、宗教、风俗习惯等，处理好跨文化差异、冲突与融合的基础

上，配合主场外交套嵌地方故事，做好本地故事与受众感知的匹配，从普通人真实鲜活的小故事出发，提炼出其背后的稳定要素，并借助国家平台力量，克服地理距离限制，将传播活动开到目标受众当中去，通过面对面的交流影响核心受众，使故事受众真切产生两国关系发展惠及人民的感受，达到被受众注意、记忆和传颂的效果。

三、坚持本地优势与国际语境相结合，形成多种媒介传播合力

信息传播以其途径不同，可分为人际传播、组织传播、大众传播、网络传播等不同类型。以媒体传播为代表的大众传播、网络传播是当前外宣工作主要抓手、人际传播等其他途径亦可为我所用。相对于大众传播，人际传播具有更强的现场感、互动性和交融性。面对面对话互动交流，使故事更加具备亲和力与个性，使参与者能够亲身感受到讲述者的真情实感，在互动当中校正受众的理解误区、加深情感联系，保证故事在核心人群中的传播效率。

多年来，广州活跃在国际友好城市交往和主要国际组织当中，彰显着全球城市的担当。2021 年，广州迎来国际友城交往新的里程碑。随着广州市与匈牙利佩斯州结成国际友好合作交流城市，广州国际友城突破 100 个、迈进了“百城 +”计划的新征程。在国际友城伙伴的大力支持下，2019 年广州连任世界城地组织世界理事会和执行局城市，2020 年广州市首次当选世界大都市协会主席城市，“广州国际城市创新奖”经过十年耕耘，已经发展成为全球城市治理创新与可持续发展最权威的交流平台之一，广州在国际城市交往中的领导力逐步凸显。凭借在国际城市交流合作中的突出作为，广州从芸芸众城中脱颖而出，获得各大权威国际组织的青睐，国际大都市的国际担当得到了更充分的发挥。在全球经济下行压力加大、“中等收入陷阱”等考验面前，中国发展仍存在许多需要解决的困难和问题。在国际交往与传播工作中，广州始终坚持平实平和、理性对话，

注重场合感和分寸感，不说过头话，避免高调张扬，既不夸大，也不回避。尤其是提高政府新闻发布能力，聚焦国际关切及时发声，表达中国与世界各国守望相助、共克时艰的良好愿望；聚焦对外贸易及时宣介，全面展现广州为广交会等活动提供强大保障支撑的实力与举措。科学、客观、理性地发声，提高了城市形象的国际公信力，使国际受众感受到中国构建人类命运共同体的决心和诚意。

新征程上，广州还要进一步结合自身对外交往资源优势提高人际传播媒介的利用率，做到多种传播媒介的组织运用的并重。尤其是以国际交往影响力壮大构建人类命运共同体的声量。在举办重大国际会展活动时，在活动主题中融入城市故事的讲述、城市形象宣传和城市精神的传播，将对外交往对象转化为国际传播的行动受众，为国际传播开发出更多样的传播渠道；同时做好传媒服务，精选故事会精华片段，供国际主流媒体、当地热门社交媒体报道和转发，进一步扩大活动的传播覆盖面。

四、坚持城市传播与城市发展相结合，实现传播效能的良好变现

城市国际传播能力建设也是城市经济社会发展的一个重要方面。与国家层面的国际传播能力建设相较，城市的国际传播能力受到更鲜明的利益驱动，在服务国家大局的基础上，通过城市国际形象的树立和传播，争取更大的发展机会、实现更好的城市发展。例如，招商推介就是城市国际传播促进城市发展的一种典型反映，城市形象国际传播过程中获得的发展资源对当地吸引外资和经贸发展形成最为直接的效用，从而为城市的整体发展做出贡献。随着对外开放日益扩大和深化，广州企业、机构的跨国投资经营合作规模不断增加，也形成了强烈的城市国际传播参与意愿。广州文化产业发展良好，对对外文化交流与传播形成有力支撑。尤其是游戏出海方面优势突出，以网易、4399、三七互娱、星辉游戏、天游网络等为代表的广州企业，早在2018年之前便已开始布局他们的出海“淘金”之旅，

多款游戏位居各国 google play 游戏畅销榜前列，成为进一步讲好广州故事的重要突破口。2020 年以来，跨境电商企业在海外社交媒体的活动量爆发式增长，在海外知名社交媒体，尤其是 Tiktok 等短视频类社交媒体聚集起庞大的主播达人群体，形成中国内容传播热潮。“中国跨境看广东，广东跨境看广深”。截至 2021 年底，广州跨境电商企业主体达 19.3 万家。深圳、广州两城对跨境电商运营人才的需求合计占全国比重达到 48.8%。在需求的推动下，跨境兴趣电商运营链条迅速成熟，开辟出规模化内容生产和账号运营的新路，为我国文化国际传播队伍创新发展打开新的思路。此外，广州还拥有 400 万华侨华人、上万名海外留学生，来华商务人士、专家学者、跨国企业员工等众多，都是国际传播的潜在力量。广州要重视把握这些传播趋势，重视发挥企业等社会力量，一方面在各类传播活动中为企业搭建展示平台，扩大高端国际资源对接机会；另一方借助企业国际经营网络开展传播活动，组成政府、媒体、企业、组织等相融合的多元主体，实现壮大国际传播队伍与直接提高传播效用的双丰收。

第二节　发展原则：聚焦“三个面向”

城市国际传播能力植根于国家和社会发展，要紧密结合发展需求，深刻把握出发点和立足点。根据广州的城市发展特点和战略方向，可确立国际传播“面向世界、面向大众、面向未来”的发展原则。

一、面向世界——编织国际交流的民心纽带

中国是世界的中国，中华文明生发于世界文明的土壤，中国式现代化的成功离不开从人类文明进步中汲取的力量。人类文明的交互规范了中国式现代化的前进方向并促进了其不断前进，同时也为中国式现代化道路提

供了价值指引和价值选择。中国式现代化对“以和为贵”“和而不同”“天下大同”的中华民族优秀传统文化基因的创造性转化与创新性发展，造就了对“和平、发展、公平、正义、民主、自由的全人类共同价值”的弘扬。

习近平总书记指出，“不同文明要取长补短、共同进步，让文明交流互鉴成为推动人类社会进步的动力、维护世界和平的纽带”①。世界各地的文化交流正在以前所未有的数量、速度和频率迅速增加，这已经成了“第二根构成全球化的线”②。经济全球化的持续深入推动着财富和人才的跨境转移，新一轮科技革命的推进不断重塑世界的交流方式，世界多极化步履稳健使国际力量对比趋向平衡，都成为激发文明间的交流互鉴的社会基础。贸易投资、技术合作、旅游交通乃至网络游戏等都使各国人民对外交流的接触面大幅增长，使人们不再满足于对对方的粗浅印象，希望通过深入的文化接触，正确感知交往对象，以恰当地组织交往活动，提高发展的质效。全球范围内的文化互动正在形成，文化将在综合的全球化进程中相互影响。在这样的历史背景下，中国式现代化的国际传播要站稳推动文明交流互鉴的立场，致力于通过各种形式的人文交流活动、先进的传播技术，将我国政治、经济、科技、文化、民生、生态等各领域丰富的信息传播至世界其他国家，展示丰富多彩、生动立体的中国形象，对世界形势发展变化，对世界上出现的新事物、新情况，对各国出现的新思想、新观点、新知识，也要加强宣传报道，以利于积极借鉴人类文明创造的有益成果，增进彼此的了解与信任，拉近情感距离，推动我国同各国的人文交流和民心相通。从而从根本上建立互信，真正推动共同营造合作互信、立公正合理、健康发展的国际秩序，推动经济全球化和世界各国的现代化进程。

---

① 习近平：《共同构建人类命运共同体》，载《求是》2021 年第 1 期。

② ［英］罗宾·科恩、［英］保罗·肯尼迪：《全球社会学》，文军等译，社会科学文献出版社 2001 年版，第 38 页。

国际化道路是城市，尤其是超大城市发展的必由之路。面向世界的人文交流是城市国际传播发展必须树立的着眼点。城市要结合自身发展优势和特点，加强国际区域研究和受众群体的认识，做好本地故事与受众感知的匹配，实施对外传播“走进去”。不仅在本土化过程中实现传播者与受众之间的语言转换，更重要的是要开展更深层次的文化对接，即与传播对象的社会文化习俗对接，与传播受众的内容需求对接。广州可以经济交往最为密切的国家、友好城市为重点，摸索熟悉对象国语言习惯、话语体系、发展历史、政治制度、法律体系、宗教信仰、民族风俗、文化传统和传播环境，掌握对象国与我国不同类型的伙伴关系、对我国的信息需求、知识渴望、文化联结等可能进行沟通与互动的领域，以及民众社会群体的阶层细分，以最大公约数为立足点，开发“一国一策”传播内容。策划好故事精准化走进对象国民众的心坎。

二、面向大众——讲好身边的城市故事

以人为本是中国式现代化的逻辑起点，中国故事基于中国人民的主体性认知和实践叙事，根植于中国共产党带领下，中国人民追寻民族复兴道路所积淀的中国文化、中国经验、中国精神。从国际传播思想意识的觉醒到传播技术效果的彰显，无一不是在复杂深刻的发展环境下从百姓生活实践中不断具象和明确，得以触发深刻的思考。在“四个自信”的总体意识下，国家和民族的自我主体性认知在深刻回归，“回到中国”成为新时代国际传播实践的逻辑基点。[①] 国际传播工作坚定“四个自信”，在每一次具体的话语表达和内容呈现中由内而外焕发出精神的魅力，凝聚国家的共同利益和人民的理想追求，真正讲好中国故事，体现中国精神。中国式现代化实践的展开，是一幅中华民族奋发图强的宏大画卷。中国式现代化

① 张毓强、于运全：《从形象到战略：中国国际传播观察新视角》，朝华出版社2022年版。

的实践反复验证了中国特色社会主义道路选择的正确性，中国式现代化的改革与创新不断凸显出社会主义制度的巨大优越性，中国式现代化生发的中华优秀传统文化和中国特色社会主义先进文化沃土让我们常怀历史自豪感。传播中国式现代化的科学内涵，将实践道路上一个个具体事实解构出来，组成鲜活的故事，或成功、或挫折、或彷徨、或顿悟，形成中国式现代化传播话语的资源系统，展现中国共产党领导人民上下求索、开拓创新的历史气魄，弘扬人民群众艰苦奋斗、百折不挠的伟大精神，书写自信谦和、可敬可爱的国家形象。

城市故事植根于中国式现代化道路的“跬步”，发轫于社会大众为美好生活追求奋斗的点滴，服务于大众故事的呈现。国际文化交流传播的内容选取要注重以小见大，用真实细腻、生动感人的好故事多角度多层次地勾勒出中国和交往对象友好关系发展的社会画面。落笔到广州，即用好对外开放和国际友好交往的宝贵资源，围绕红色文化、岭南文化、海丝文化、创新文化“四大文化”的主线，把深刻的思想、抽象的理论与人们对美好生活的追求点滴、人民生活蒸蒸日上的鲜活故事和生动例子联系起来，构建广州故事素材库，展开广州故事的血脉纹路在人民健康向上的精神风貌展现中潜移默化地感染传播对象，在积极向上的生活态度传递中使传播对象感悟中国梦的内涵和意义、中华文化的独特魅力。

三、面向未来——用好科技，赋能国际传播

当今世界，正经历着新一代信息技术变革的关键时期，新技术对国际传播体系构建起到前所未有的革命性作用。以 5G 为代表的信息传输速率迭代，以大数据、云计算为代表的算力技术爆发，以原宇宙为代表的虚拟空间技术创造，以人工智能为代表的算法技术升级，无一不在加速重构着国际传播图景。新技术变革下尤其要认清国际传播的变与不变，将互联网思维和新一代信息技术运用贯穿到国际传播的全过程，坚持内容为王和渠道制胜相结合，比拼国际传播的创新，争夺国际注意力资源。

注重科技对传播内容的赋能。新技术通过数字化的阅读体验深刻影响着国际受众的阅读习惯、心理预期和接受方式，国际传播的内容表达形式要适应这样的变化。充分运用三维动画仿真、全息影像、网络直播、虚拟现实、元宇宙、增强现实等数字呈现技术开发适用于互联网、移动终端的国际化数字文化产品、城市云场景，不断创新图文、视频、音频乃至游戏、人机对话等多种泛媒体产品，增强传播载体全方位沉浸式交互性观感，从而提升受众的感知能力。

注重科技对传播渠道的赋能。数字化渠道建设是国际传播的当务之急，必须推动国际传播的多平台覆盖、提高媒介传播效率。一方面，要利用好各个国家主流的社交媒体平台，加强账号运营互动，充分运用智能算法、社交机器人等技术，精准吸引和对接目标受众；另一方面，要努力推动我国数字平台运营企业“走出去”，通过资本合作、资源置换等各种形式参与国际数字平台赛道竞合，建立海外数字平台品牌并加强引流，培养用户黏性和使用习惯，保持我国国际传播的持续力。

注重科技对传播安全的赋能。充分运用区块链技术不可篡改性、可追溯性等特征，开发重大事件新闻溯源、识别、存证功能，保证新闻信息透明、公开、安全、提高我国国际传播的安全性和公信力。

第三节　战略目标：打造中国式现代化的城市形象体系

回望过去，广州城市形象国际传播实践取得了历史性的成绩，通过总结学术文献、主流媒体、外文图书等载体中呈现的广州城市形象，可以发现海上丝绸之路的世界都会、繁华的国际商贸之都、便利的国际交通枢纽、历史悠久的花市民俗、流传海外的粤菜美食，都给国际社会留下了美好而深刻的印象。在新的历史时期，广州的国际地位进一步提高，被赋予了粤港澳大湾区核心增长极、岭南文化中心地、对外文化交流门户等重要

定位，与粤港澳大湾区国际科技创新中心、国际人才高地建设等国家战略发展共成长，城市形象获得了更丰富的内涵。在粤港澳大湾区发展大背景下，立足于建设国际大都市的发展定位，广州尤其要树立鲜明的中国式现代化的城市形象体系，以城市形象传播彰显粤港澳大湾区的发展内涵，打造高质量发展的典范，引领粤港澳大湾区世界级城市群国际形象塑造。

一、突出“活力之城”形象，讲好巨大人口规模的国情故事

作为实际管理服务人口超过2200万人的超大城市，广州凸显了中国人口规模巨大的特征。超大城市的民主、公平、和谐、包容，考验着城市管理者的智慧，巨大的净流入人口也是城市发展的活力源泉。中国超大城市治理在不断探索中前行，从教育、医疗、社保等基本公共服务的大规模供给，到城市设施、设备、文化环境的包容性设计，都是国情故事的重要素材。广州可以突出用好“广州国际城市创新奖”这个讲好超大城市治理故事的素材，注重融入联合国可持续发展目标、《新城市议程》等权威国际组织对人类发展的倡议框架的话语体系中，加强对广州这个超大城市为居民创造全面发展机会的探索实践和思考的交流，不断提炼和传播广州超大城市治理创新之路的大小创意。

一是讲好广州以党建引领、释放超大城市治理内生动力的故事。人民城市人民建，人民城市为人民。广州通过构建党建引领构基层共建共治共享的社会治理新格局，重塑城市治理的系统合力，使广州在保障全过程人民民主、回应群众诉求，提升整体治理效能上取得了突出的成绩。广州的社区网格化服务管理系统、12345政府服务热线、社区议事厅和党员志愿服务等机制和平台建设，都是实效突出的故事素材。

二是讲好广州创新现代城市治理方法、解决发展疑难问题的故事。广州积极探索“市域善治”，通过最小应急单元、法治保障旧楼加装电梯、“有事好商量”协商平台、“广州街坊”、市域社会治理“红棉指

数”等一系列创新做法，对历史文化街区的微改造，实现改善老城区居民居住条件和尊重保护文化习俗的平衡；推动电动公共交通工具更替，实现鼓励汽车支柱产业的绿色化转型和改善城市空气质量的“双赢”；推动碳排放权交易，致力于以市场化手段推动“碳达峰”“碳中和”的探索。这一系列治理方法，都在积极打造市域社会治理现代化示范城市，交出一张张城市治理创新的广州答卷。

三是讲好广州吸收全球城市治理智慧、提升城市管理水平的故事。要突出海纳百川的城市治理思维，将广州虚心吸收全球智慧优化城市治理的故事多讲、讲透，使世界各国都能在广州对其实践的认同中找到相互信任、同频共振的亲切感。例如，广州吸收国际经验开展“城市体检”项目，每年对城市发展状况进行评价调整治理方案，展现中国城市对促进人的全面发展的开放态度和坚定决心；又如，广州借鉴国际友城巴塞罗那打造的下沉道路、立体交通网络的经验，实现了高效交通和城市景观的“双赢”。讲好广州吸收全球城市治理智慧的故事，关键在于转变思想观念，以平等的对话，拉近国际受众心理距离。

二、突出“机遇之城”形象，讲好共同富裕的故事

现代化奋斗是为了实现全体人民共同富裕，只有高质量发展，才能真正提高人民生活品质，保障人民的美好生活。广州要抓住自身发展优势，突出经济高质量发展的机遇，讲好居民群众共建共享、提高幸福感的故事。

一是打造“创新到广州”的国际科技创新中心品牌。根据世界科技与产业发展趋势、粤港澳大湾区国际科技创新中心建设优势，加快推动创新科研项目出成果、创新平台设施出品牌、创新国际合作出机制、创新队伍建设出人才，大力宣传广州在影响国计民生和全球可持续发展方面的重大科技攻关举措及成效，努力打造创新枢纽。面向受众广泛的社交媒体平台，挖掘以信息技术、人工智能、生物医药为代表的战略性新兴产业高科

技、黑科技产品、名企业、名专家的宣传素材，以“科技广州”为主题，使用短视频、直播等多样化传播手段开展“病毒式传播”，引发国际受众了解广州科技创新的好奇心。面向创新人才群体，加强国际一流研究实验基地、大型科学仪器设备设施、科学数据与信息平台、国家标准计量和检测技术体系等重大科学装置和科技基础设施建设，以及粤港澳大湾区科学论坛、创交会、海交会、《财富》全球科技论坛等一系列高端活动的宣传，培育全球创新人才对广州创新氛围的向往之情。面向国际高端人才加强传播广州超前部署各领域世界顶尖的前沿技术和基础研究研发中心建设，实施“广聚英才计划”“羊城工匠”工程等，面向全球遴选、发掘、宣传一批前沿领域战略科学家、科技领军人才、领航型创新型企业家及高质量科技人才的政策，激发高端人才到广州开展创新活动的兴趣。

二是打造“兴业自广州”的国际一流营商环境品牌。在5轮营商环境改革的基础上，整合广州在自贸试验区制度创新、公司设立、国际金融、知识产权保护、商事纠纷解决等制度优化上取得的成绩，在财经类国际媒体上加强对广州国际一流营商环境的周期性传播。做好品牌企业“走出去”服务工作，为广州品牌打响国际知名度创造条件。用好广交会等国际交易会展品牌，在展会现场设置国际营商环境成就与政策宣讲活动。依托粤港澳大湾区经济体量和海外注意力资源优势，将商贸这一粤港澳大湾区共同的发展优势，上升为粤港澳大湾区制度创新先行区的重点建设内容，持续增强国际商贸之都形象的全球凝聚力，加快形成带动粤港澳大湾区、服务全国、辐射“一带一路”和联结全球，具有较强集聚辐射力、竞争力和美誉度的国际商贸之都。

三是打造“购物找广州”的国际消费中心城市品牌。在海外社交媒体平台设立广州城市消费资讯官方账号，挖掘北京路、天河路等商圈，岭南消费文化等内容，通过打造高互动性的媒体事件，强化海外受众对广州国际消费中心城市的认知。用好中国（广州）国际时尚周等消费类展会，开展时尚大赏活动、设计大奖等评选活动。擦亮“食在广州”金字招牌，汇集世界各地、五湖四海的名菜和美食，升华美食的文化性与价值观，展现广式生活方式与幸福感。通过地方媒体与外宣媒体进行主题鲜明的系列报道，吸引全球时尚目光，激发国际受众消费欲望。持续开展“打卡花城”广州时尚消费文化国际推介活动，在全球范围邀请时尚界、文化界等领域知名人士，品鉴广州品牌，向世界传递消费天堂印象。

四是打造“路路广州通”的国际综合性交通枢纽品牌。要加快国际航线复航，促进国际航空枢纽形象的复苏。通过微电影等视频影像的方式，展现空港、海港、铁路港、数字港“四港联动”综合交通体系，从微观个体着手讲述广州国际交通枢纽故事，提升人们对“经广飞”的品牌认知。要加强智慧港口高效运转等国际航运枢纽主题的国际交通故事传播，挖掘南沙港与广州国际港的海铁联运、对接中欧班列等国际运输新亮点，采用主题系列报道等形式，从历史、文化等视角讲述当代海上丝绸之路的港口故事。

三、突出“魅力之城”形象，讲好物质文明与精神文明协调发展的故事

在促进高质量发展、体现城市物质文明蓬勃发展形象的同时，还要加强优秀传统文化传承与发展、文化交流传播的故事生产。广州要以岭南文化中心和对外文化交流门户的传播为抓手，展现好中华优秀传统文化传承发展的城市魅力。

充分发挥资源、区位、人文和政策等优势，以推动中外文化交流互鉴为目标，以扩大体制机制开放为动力，以重大文化项目和平台建设为抓手，在内容创作、文化交流、文化保护、产品生产、要素流通、文化消费、文化传播等领域形成特色优势，建设岭南文化中心和对外文化交流门户，打造新时代文化对外开放新枢纽，发挥文化中心作用，建设人文湾区，使广州国际大都市形象散发无限魅力。

推动岭南文化创新性转化发展。实施文艺精品创作行动计划，形成粤剧粤曲、广东音乐、岭南书画等岭南文艺精品资源库，在参与国际主流文

化市场供给中强化岭南文化的输出。健全传统文化与文物保护政策体系，实施历史文化名城保护规划，推广永庆坊改造经验，推进重点历史文化片区改造，推进传统中轴线更新保护利用，鼓励中华优秀传统文化传承发展，以“绣花”功夫为城市留下记忆。培育扶持文化名企名团名家名作，扶持一批具有国际竞争力的文化企业和重点项目，建设动漫游戏之都、全球文化装备制造中心，打造文化产业高地。

擦亮文化活动品牌效应。吸引更多国际知名的文化活动来穗举办，与岭南文化交融贯通，提升广州文化辐射力与凝聚力。加快体育名城建设，办好国际国内重大体育赛事，创新发展体育产业，推进体育文化深度融合。与大湾区内其他城市联合开展文化遗产保护与传承，扩大岭南文化辐射力。发挥海上丝绸之路保护和联合申遗城市联盟牵头城市作用，协调海内外联盟城市共同推进遗产保护与海上丝绸之路申遗，使海上丝绸之路起点城市形象更加深入人心。

四、突出“宜居之城”形象，讲好人与自然和谐共生的故事

与西方“先发展、后治理”的现代化道路不同，强调人与自然和谐共生是中国式现代化对世界现代化道路的一项重要贡献，生态文明和绿色发展更是实现世界可持续发展的必由之路。中国城市在其中的重要角色就是传播中国在推进发展方式绿色转型中的坚定实践和阶段性成就，感染更多政府和社会的有识之士，凝聚全球绿色发展的合力。

广州历来享有“花城”的美誉，四季花开成为广州一项重要的城市景观资源，加上岭南园林风格，使广州具有较高的城市生态形象认可度。花，是具体和抽象的结合，既是自然景观的提升，又富有深厚的人文内涵，可从多种层面反映城市面貌和城市精神。广州可深入发掘花语这种全球通行的情感表达方式，对接匹配历史、人文、环境、科技等元素，周期性、持续性、全球性地塑造传播花城形象，进一步提升广州的国际地位、城市美誉度和影响力。在加强生态文明建设的基础上，广州可以进一步打

造一系列形态新颖、内容丰富的主题宣传活动，如树立广州园林博览会等花展品牌，积极参与切尔西花展、布鲁塞尔花展等国际知名花展活动，开辟广州与世界城市交流与合作的新领域；推出主题特色鲜明的城市花园群、景观带、建筑物群，以及绘画、文玩、插花、香道等“花文化”的推广产品。通过全球知名社交媒体广泛传播，使广州“花城”形象成为国际社会对园林城市联想的重要符号。

充分发掘广州生态环境建设的故事，塑造绿美广州城市形象。广州拥有 92 个森林公园、25 个湿地公园，绿道总长 3560 千米。全市公园 270 个，形成门类齐全、特色鲜明、管理有序的城市公园绿地体系。2008 年，广州成功创建国家森林城市，通过实施青山绿地工程、花城绿城行动等重点生态工程，形成了“森林围城、绿道穿城、绿意满城、四季花城”的城市森林格局。近年来又被列入全国首批海绵城市建设示范城市，广州碧道规划和实施项目荣获 2021 年 WLA 世界景观建筑大奖“建成类—城市空间”奖和 2021 年 LILA 国际景观奖“基础设施类”奖，与世界银行合作开展的可持续发展降温试点城市项目顺利收官，还是全国碳排放权交易的重要中心之一。广州要讲好生态优先、绿色发展的故事，深入挖掘白云山、石门国家森林公园、海珠国家湿地公园、南沙湿地等景观资源与动植物资源，打造广州城市自然空间的独特形象。聚焦广州绿道、绿网与生态廊道，突出绿道连接自然山水、公园景区、历史景观以及乡村与社区的城市功能，以及廊道承担生物保护、文化遗产保护和市民休憩的生态功能，使广州天更蓝、山更绿、水更清、生态更优美的城市形象、绿色低碳的生产生活新时尚深入人心。

五、突出“开放之城”形象，讲好中国和平发展的故事

中国坚定走和平发展的道路，中国故事要着重传递中国爱好和平、共享发展的理念，帮助世界理解中国与世界和平相处、推动人类文明进步的愿景与行动。代表性城市的国际交往在其中发挥着重要的作用。广州以国

际交往中心建设为抓手塑造国际大都市形象，先后出台《广州建设国际交往中心三年行动计划（2018—2020年）》《广州建设国际交往中心“十四五”规划》，广州在“世界城市分级”排名历史性跨进第一梯队，跃居全球一线城市，在城市国际组织中发挥引领作用，团结了一大批认同全球发展观的国际伙伴。广州要持续推动高水平开放，以开放创新精神打造国际交往中心，以高端国际会议为平台，以城市国际组织为网络，打造全方位对外开放门户枢纽。

积极参加多边交往树立负责任的全球城市形象。创新国际组织合作模式，发挥世界城地组织和世界大都市协会联合主席城市、亚太城市旅游振兴机构会长城市等重要角色作用，推动广州国际城市创新奖走进联合国，全方位提升参与国际事务的水平。吸引重要国际组织在穗落户，在时机成熟时争取发起创设新的国际组织，主动提升国际议题设置能力。以国际组织为平台，争取承办更多国际性高端工商、行业及政府间会议活动，提高策划和筹办重大国际会议能力。

强化务实共赢的国际友城“联络官”形象。完善“国际友好城市—国际友好交流合作城市—友好关系城区—友好单位”四位一体友城交往格局。支持民间组织和社会团体广泛开展公共外交和民间友好往来，打开友城立体交往新局面。推广“三城联盟”合作形式，加强科技、文化、教育、体育、旅游等方方面面的友好交流，共同推动一批高端国际合作项目落地生根，推进各领域务实合作。

第八章 加强城市国际传播能力建设，提升广州城市形象

通过形象提炼和实践总结可以发现，广州城市国际传播工作形成了多条清晰的主线，国际传播工作格局逐步打开，国际大都市的形象轮廓初步成型，国际传播能力实现了长足的进步。在承上启下的历史节点上，面对传播中国式现代化的更高要求，广州不但要巩固城市发展优势提升城市形象，更要开拓国际传播工作的新方式、新路径，提高传播效能。这就要求我们系统性地思考国际传播能力建设布局，从更广的视野系统性地部署国际传播体系化的建设，优化国际传播运行系统，调动多元传播主体，塑造传播活动品牌，推创精品文化内容，促进人文交流对话，全面提升城市国际传播能力。

第一节　优化国际传播运行系统

讲好中国故事是一项系统工程。在新征程上，广州要统合各方面的力量，在继续保持以活动为核心的国际传播优势基础上，做好顶层设计，推动国际传播全域化发展，持续提高国际文化交流传播效能。

一、全面建设传播功能架构

对接中国式现代化的科学内涵和国家大外宣格局对地方支撑能力的要求，结合自身的传播实践优势，广州国际传播系统要着力进行五个方面的功能布局。

一是提升传播主体聚力功能。创新传播人才组织形式，加强人才培养，将人力优势转化为传播优势。全面提升国际传播效能，建强适应新时代国际传播需要的人才队伍，尤其是加强三支队伍的建设，包括国际传播的理论研究队伍，掌握国际传播的规律，提高传播艺术；高层次专家队伍，利用重要国际会议论坛、外国主流媒体等平台和渠道发声；涉外业界大众队伍，广交朋友、团结和争取大多数，不断扩大知华友华的国际舆论朋友圈。

二是强化对外形象展示功能。把握好基调，高举人类命运共同体大旗，依托广州发展的生动实践，运用各种生动感人的事例，培育国际传播品牌活动，展示既开放自信也谦逊谦和的城市形象。建立城市形象与可信、可爱、可敬的中国形象的联想，体现中国发展本身就是对世界的最大贡献、为解决人类问题贡献了智慧。

三是丰富传播内容供给功能。要充分发掘地方形象内容，贴近不同区域、不同国家、不同群体受众的信息接受偏好，持续推出和不断创新面向

各种层次、各种领域、各种文化地区人群的传播内容产品，以文载道、以文传声、以文化人，更好推动中华文化走出去，推进中国故事和中国声音的全球化表达、区域化表达、分众化表达，向世界阐释推介更多具有中国特色、体现中国精神、蕴藏中国智慧的优秀文化。

四是加强传播渠道建设功能。着眼于全媒体传播体系建设，强化技术引领，创新产业运营模式，培育本地媒体集团，争取与中央、省级媒体的支撑，拓展与海外主流媒体的合作，加强立体多样、融合发展、手段先进的新型媒体和平台矩阵建设，营造全方位的国际传播生态。

五是拓展对外交流合作功能。要用好社会各界的友好关系和文化特色资源，深入开展各种形式的人文交流活动，以广州实践不断唤起和推动全球发展倡议的国际思考，倡导多边主义，反对单边主义、霸权主义，通过多种途径推动同各国的人文交流和民心相通，引导国际社会共同塑造更加公正合理的国际新秩序，建设新型国际关系。

二、创新设置工作运行机制

着眼于全过程再造，全面梳理工作规划、分工协调、内容创排、技术搭建、传播分发等各环节的运行和管理机制，形成国际传播创新发展闭环。

一是建立健全全市对外宣传统筹协调机制。做好国际传播的顶层设计，制定国际传播规划图、发展表和工作机制，做到“一把手抓国际传播、一支队伍做国际传播、一套机制管国际传播”。加快构建全市统一、协调高效、上下联动的城市国际传播工作机制，统筹协调推进各区量身定制打造“一区一品牌”，逐步形成上下衔接、层级分明、共享融通、高效联动的大外宣格局。健全全市新闻发布工作制度体系，完善党委新闻发言人制度，打造全市权威信息发布高端平台。做好资源信息共享的规范和制度建设，出台全市对外交往资源共享目录，建设新闻发布和传播信息交换平台，明确资源信息共享的具体内容、共享范围、使用途径、合作机制

等，开展对外交往资源的采集共享工作，促进在全市对外交往中实现各领域、各部门传播信息的共享、传播策略制定的相互探讨、传播优势的相互利用和传播链条的相互承接，通过合作实现优势互补，增强全市整体交往传播能力。探索建设央地国际传播协调推进机制，加强广州国际传播策略与国家战略对接，与国家重大主题外宣保持一致的工作节奏。

二是加强政府—社会国际传播联动机制建设。要想方设法调动社会各界优秀涉外力量，激励人民群众的“百万大军”形成常态化、立体化对外发声机制。将广州老字号等广州特色商品服务纳入城市形象对外传播体系，打造一批具有国际影响力的广州企业品牌 IP，丰富城市名片。鼓励“走出去”企业在境外线上线下网点和推广业务中嵌入中华文化内容，为城市形象海外推广提供内容、渠道支持。支持广州企业参与举办行业国际展会、论坛等，以企业国际化、现代化形象传播提高城市国际显示度。探索国际传播绩效系统建设，引入计数和传播影响力等综合评分进行绩效奖励、容错和提醒机制，激励和撬动高校和科研院所学者、跨境电商运营人员、网络主播及公会、海归人士等社会群体在各种场合播发适宜的传播内容，点滴积累，久久为功，打赢国际舆论战上的“人民战争”。

三是创新全网传播内容共享机制建设。文化内容素材获取和再加工技术是阻碍传播规模化的痛点，要抓住这一核心技术障碍进行攻关。寻求跨境兴趣电商商业智能化数字营销企业技术支持，研发线上内容再剪辑编辑技术平台。导入文化机构音视频、图文等基础素材，便于文化国际传播人士编发个人账号内容。加强播发内容监测，如遇不恰当的剪辑及时推送提醒，降低不当言论的传播风险。在此基础上，通过各类技术手段与数据算法，推动平台用户在各大新媒体平台账号的推广，线上、线下轮动发起流量活动和产品，打造一批“金牌宣传官”、讲好中国故事的“专业网红”，在国内外多层面形塑中国的正面国家形象。

三、健全人才培育机制

深刻领会和贯彻中国式现代化对树立“大外宣”意识，提升国际传播工作素养提出的要求，结合业务领域国际交流加强专业能力强、综合能力高的国际传播人才储备，扩大国际传播队伍规模。

一是扩大对外宣传和新闻传播核心人才队伍。要加强外宣能力建设，提高对外传播专业化程度。为发挥好国际传播体系的统筹服务功能，要进一步整合新闻办、融媒体中心等人才资源，扩大市级对外宣传和新闻传播人才队伍，统筹策划指导各类企业、社会组织、个体参与国际传播工作，提升各类群体传播专业能力。完善新闻办机构和队伍建设，持续加大对新闻发言人的培训力度，遴选、培养一批各领域工作部门业务骨干成为“讲好广州故事”传播骨干，全面提升对外宣传工作队伍能力。与高校、智库、企业等主体合作，建立国际传播研究基地，加强国际传播研讨与培训，提高全市各级领导干部的国际传播意识和能力。

二是培育和储备本地讲好广州故事队伍。要整合全市对外传播资源，将全市新闻资源、政府对外信息资源、社会资源和文化资源进行有效优化组合，构建由外宣主管部门、涉外工作部门、媒体机构、高校及智库研究机构以及企业、社会团体等多方参与，将政府、媒体、企业、学界和城市公众等各方力量汇集一处形成合力的大外宣工作格局。建立智库专家学者、文艺工作者、海归人才、企业代表、网红主播等讲好广州故事的民间队伍，构建全方位、多元化、立体式的对外传播体系。采取“借调”“挂职”等方式，每年从高校、涉外文化及科研单位、企业等基层单位甄选年轻人才参与外事、外宣的一线工作，经过严格培训与工作锻炼后返回原单位组织本单位国际传播工作，成为既理解外交语境又有业务能力的优秀国际传播骨干。

三是涵养讲好广州故事的“离岸”人才队伍。加强与海外侨团侨社的联系与合作，办好旅外乡亲恳亲大会、广州华人文化艺术节等活动，挖

掘侨团侨社、华文学校、侨商侨企等主体的传播潜力，培育城市国际传播多元力量。策划青少年华侨夏（冬）令营、岭南文化体验等活动，搭建广大华裔新生代了解广州、体验广州的交流平台，培养青年侨领与广州的情感联系。与海外侨团侨社、留学社团共建一批广州侨务海外联络中心，构筑海外社团联盟，推动广州地区侨刊乡讯与海外华文媒体合作，凝聚海外中华文化传播纽带。联合海外社交媒体平台及各领域意见领袖，适时策划新鲜有趣的传播互动活动，提高相关话题热度。在传播内容生产、经营和人才培养使用等各方面都要注重“海外本土化”建设，加快促进从传播者角度的“走出去”，向国际受众角度的“走进去”的转化。

第二节　联合多元传播主体

交流传播本质上是争取人心，要着眼于更大范围调动社会力量参与国际文化交流传播，形成“一个声音、多个声部”的多元主体“大合唱”的理想状态。

一、凝聚媒体之力，构建全球多元化媒介传播矩阵

升级城市传播信息处理平台，提高涉穗新闻的全球供给能力，夯实媒体服务、凝聚媒体之力的基础。建立全球涉穗新闻线索交换平台，提供涉穗新闻信息的全球上传下载服务、采访对象对接服务，评选年度全球涉穗最佳新闻报道，为向全球呈现客观、真实、全面的广州形象牵线搭桥。建设全球涉穗新闻媒体数字化集约中心，对信息进行“中央厨房式”操作，进行涉穗新闻信息采集、双语翻译、信息传播一站式处理传播。运用5G、大数据、云计算、语音识别等技术开发全球接入的城市形象传播资源共享云平台，构建传播信息内容采集处理共享、传播线索交互对接、传播素材

供应一站式综合性的线上支持系统，使广州城市形象传播产品的全社会创作便利化。运用 VR（虚拟现实技术）、AR（增强现实）、全息影像等先进技术，开发城市智能演播厅和远距离导览交互产品，在广州海外推广中心、广州城市展厅等有条件的海外工作站投放，增强城市品牌的域外传播的场景化体验。建立广州城市形象监测中心，通过云平台数据访问量及目标人群传播反馈数据，加强城市形象传播跟踪研究，提高城市形象传播效能。

夯实与传统媒体的合作关系。以本地媒体、融媒体中心为抓手，开展与中央媒体全天候合作，积极融入中央媒体对外传播体系，借助中央媒体的优质内容生产能力，准确把控新闻内容生产的切入点和稿件呈现质量，强化城市形象传播内容策划及质量把控。运用省市、民间主流媒体读者范围广、全媒体传播能力强的特点，扩大新闻“二次传播”范围，掀起线上线下立体式传播热潮。加强与国际权威媒体及各国主流媒体友好合作，使广州资讯更精准、更富吸引力和感染力。与从海外华文媒体起步开展海外媒体合作传播，将传播内容嵌入外媒传播至国际受众，并通过二次传播延长效应，是本土化传播的第一步。在此基础上，将传播阵地前移，实施机构和人员本土化、内容和发布本土化，进而实现对外传播的运营本土化，将是城市对外传播的未来发展方向。办好海外华文媒体高层采访等活动，成立由海外华文媒体、华人社团联络站等组成的海外传播集约中心，培育广州形象的“海外传播官”队伍。加强与国际权威媒体战略合作，扩大与世界主要地区城市主流媒体、社交媒体平台友好合作，提高城市形象在各国主要地区的传播终端落地转化，实现广州重要国际活动超大流量全景视频全媒体直播全覆盖，让世界同步感受广州频率。

加强媒体矩阵向国际自媒体端扩容，涵养“独角兽”型新媒体传播力量，运用社交媒体、自媒体的几何式传播特征，进一步延长新闻生命力，实现论坛传播的裂变效应。在 Tiktok、Instagram、WhatsApp、Pinterest等近年来增长较为迅速的社交媒体平台提前布局，构建“传播类目—文化机构账号—文化从业者个人账号”三层传播架构。根据本地文

化特色和优势规划传播主打类目，如游戏、戏剧、地方音乐、杂技、非遗手工艺、城市生活、文旅体验等，储备传播主体力量。在每个类目下甄选数个代表性文化机构作为社交媒体主账号和素材供应者。拓展与世界主要国家或地区名主持人、名评论员、名分析师、网红主播等传播达人的联系，主动提供符合其业务范围的城市形象传播素材，运用名人优势提高城市形象好感度。梳理各类目潜在传播区域，甄选一批对应类目文化从业者，开设一批个人社交媒体账号，进行素材搬运吸粉和向主账号引流。个人社交媒体账号要注意主体设定或呈现方式围绕“新、奇、特”的差异化发展。探索与世界主要国家和地区电子购物平台、在线出版物及音视频消费平台的合作，运用大数据技术分析当地民众阅读习惯和兴趣点，针对地区特色制定个性化传播策略，实现城市形象的精准传播。

二、凝聚智库之力，服务构建中国话语体系

要重视高等科研机构，尤其是智库的国际传播能力。《关于加强中国特色新型智库建设的意见》明确提出，智库是国家软实力的重要载体，在对外交往中发挥着不可替代的作用，树立社会主义中国的良好形象，在国际舞台上发出中国声音，迫切需要发挥中国特色新型智库在公共外交和文化互鉴中的重要作用。广州作为华南地区的教育中心，高校、科研院所、新型智库、民间组织各种类型的智库平台在各自的领域中具有深度的链接。随着中国特色新型智库建设的深入推进，广州地区智库日益崛起，新型智库系统逐步完善、功能日趋健全，正在发展成为促进国际交往、传播城市软实力、推动社会发展的重要力量。

要继续为广州智库的交往传播赋能增效，鼓励智库产品和服务“走出去”，鼓励智库机构和人才“走出去”，打造广州国际传播的新品牌、新亮点。加强与国家级高端智库合作，支持本地智库走出去，鼓励海外研究力量参与广州发展研究，以搭建智库讲好城市发展故事的交往平台，促进构建中国道路研究知识网络，形成协同增效的良好态势。以全局性、前

瞻性的眼光谋划和布局智库的国际交流，深刻理解智库交往在输出城市软实力、助推城市参与全球城市事务、塑造和传播城市形象等方面的撬动作用，发挥好粤港澳大湾区各领域高水平智库机构聚集的天然优势，广州国际友城、国际组织等友好伙伴网络优势，将智库交流打造成为新时代广州国际传播的新亮点。联合发起设立粤港澳大湾区传播智库联盟，共同开展国际会议论坛、合作研究、成果发布等活动，通过加强与国际同行的交流合作，促进形成大湾区发展认知及其所代表的中国道路知识网络，形成协同增效的良好态势。

三、凝聚民间之力，提高国际传播的规模效应

充分调动民间主体对外交流力量，深入开展各种形式的人文交流活动，推动广大市民群众之间的民心相通，打好国际传播的群众基础。要充分借助“走出去”主体开拓国际文化交流传播新空间，培育和储备讲好广州故事的个体队伍，以活跃的国际化民间主体形象提高城市国际显示度。

企业是做好外宣工作的一支不可替代的重要力量。以洛杉矶、东京等城市为例，城市通过跨国公司、文化机构、广告公司、文化偶像极具多样性的文化交往活动形式向世界进行文化输出，确立了鲜明的城市形象。广州境外投资企业累计超过 1800 家，成为展现中国形象和广州担当、中国人民奋发进取风貌的重要窗口，成为促进文明交流互鉴、增进民心相通的重要载体。整合湾区城市中的老字号、知名品牌等特色商品服务建立“湾区优选”品牌传播体系，丰富大湾区名片。甄选有条件的企业全球营销网点植入城市展厅，扩大城市形象与国际社会接触的机会。鼓励文旅企业参加境外展会，扩大与国际知名演艺、旅游、休闲娱乐机构、场所及代理商等业务合作，提高大湾区企业的国际文旅市场竞争力。拓展与国内互联网跨国企业联络，利用企业技术优势开发多样化城市形象传播数字产品。着力调动跨境电商产业力量招徕国际传播人才，借助数字营销企业、

主播公会等掌握社交媒体平台各类目的网红达人、主播信息，促成文化内容推广合作，借助现成的流量扩大传播影响。甄选一批政治可靠、技术过硬的数字营销企业开展社交账号运营服务和传播人员技术培训，帮助文化主体顺利渡过传播起步难关。

四、凝聚友人之力，加强交往高频人群的人际传播

广交朋友、团结和争取大多数，不断扩大知华友华的国际舆论朋友圈，是国际传播效能的最重要体现。广州城市对外交往工作走在全国前列，交往领域较为全面，交往活动活跃丰富，在交往过程中主动开展各类城市发展信息的国际传递和交流，增进了解、促进互信、促成合作等效果逐步彰显，为提高城市国际影响力提供了有力支持。要继续深耕广州对外交往特色优势，结交全球伙伴，在“常交往、勤走动、多交流”中团结和争取大多数，推动对外交流与传播事业同频共振。在对外交往中引入传播策略，以传播效果的提升促进城市对外交往活动提高实效。分析不同交往活动的传播特性，实施分众化、差异化传播策略，深入分析交往对象作为传播受众的认知和需求，通过科学策略组织交往活动，提高信息传播的精准度，促进对外交往工作达到有的放矢、精准交往的良好效果。对于高层会谈、招商洽谈、文艺演出、教育培训等面向特定人群，以人际交往、大众传播为主的对外交往活动，在传播技巧方面要强调双向沟通互动，加强对交往对象中的关键组织、人士的集中交往和精准传播，将其转化为传播意义上的行动受众，通过其行动和对交往的二次传播，促进交往目的的实现和延伸。

一是加强国际高端人群交往与传播。充分利用各类重大国际交流平台以及国家高层领导出访契机，面向海外重点受众讲述“广州故事”，着力加深全球政界、商界、媒体界、学界等高端人群对广州的了解和认同。依托广州高端国际交流平台、国际友城、国际媒体、跨国企业机构、学术智库力量等媒介，进一步加强与世界知名政要、国际组织要员、国际媒体代

表、海外智库和研究机构及其他国际权威人士的联系，让国际社会充分认识广州。设立“全球广州研究奖”，邀请国内外知名专家组成高规格的评奖委员会，表彰在以广州为对象的研究中做出卓越贡献和重大成就的人士。积极联络国内外大科学家、大企业家、大艺术家等名人名家，借助知华友华人士、重要媒体人士、知名专家学者等开展宣介，邀请全球政商学界要人来穗访问，不断扩大广州传播朋友圈。

二是增强在穗来穗外籍人士认同感。加强与外国驻穗机构及外资企业员工、外籍教师、留学人员以及其他外籍人士的联系，积极组织举办“体验中国”、广州中外友人运动会等多种交流活动，做好外籍人士汉语培训工作，引导其成为广州国际传播的积极参与者与主动传播者。优化基层涉外服务，加快推进国际化街区建设，实施“外国人社区融入计划”，组织社区中外青少年足球队、中外美食分享小组、名胜景点探访等活动，增强在穗外籍人士对广州的归属感。重点培育广州特色旅游品牌，丰富来穗游客感知体验，扩大游客对广州城市形象的口碑传播。

三是面向外国民众推进分众化精准传播。发挥广州各类驻外机构和驻穗领事馆的作用，结合不同国家与地区实际国情与文化特点，借力城市对外交往、民间外交、公共外交系列活动与平台，促进外国普通民众对广州的理解与认知。用好来往于两国之间的外交人员、企业家、留学生、游客等多元行为主体，面对面开展对外传播，打通传播落地的“最后一公里”。主动把握分众化差异化传播趋势，根据受众地区偏好制定精准传播策略，促进城市形象本地融入。运用文化他者讲述，鼓励外国网络意见领袖以直播、音乐 MV、纪录片、微电影等创新方式传播广州形象。

第三节　塑造传播活动品牌

对外交往整体活动实质上就是“讲好地方故事”的具体实施和展现，地方对外交往与国际传播相辅相成、密不可分。广州具有对外交往活跃的优势，对当前地方国际传播能力的完善形成天然的优势。要加强对外交往对象、工作方法、传播效果等系统性的研究，面向不同层级交往对象的行为特征，参与和培育多层次传播品牌活动，在交往与传播的融合发展中扩大广州故事的影响力。

一、争取承办国家主场外交活动，提升高端叙事效果

深入贯彻落实习近平外交思想，主动服务中国特色大国外交。积极参与配合国内外重要会议及国家领导人高访活动，总结在接待法国总统、新加坡总理访华工作中的经验，加强主场外交配套建设，争取承办更多更大规模的国家主场外交活动，以粤港澳大湾区城市群为主体，争取承办“一带一路”国际合作高峰论坛、亚洲文明对话大会等机制性国际主场外交活动。继续配合办好“读懂中国”国际会议（广州），以建设“读懂中国”永久会址为抓手，建立习近平新时代中国特色社会主义思想宣介、中国道路阐释、国家形象传播的稳定输出平台，为各方人士提供共商构建人类命运共同体愿景的高层次对话场所。

配合国家重要外交行动，主动谋划配套活动和城市宣传。积极参与上合组织峰会、金砖国家峰会、APEC 峰会、G20 峰会、世界经济论坛、博鳌亚洲论坛等重要国际会议，举办广州主题分论坛、城市推介会、故事会、“广州之夜”等活动，生动讲述“中国之治”下的广州实践，以城市案例服务习近平总书记思想的对外传播。积极配合高层领导人出访以及推

进国家主场外交活动，充分发挥广州作为“一带一路”重要枢纽城市的资源作用，主动拓展国际友好关系，介绍广州对外开放故事及合作意愿。

发挥广州对外友好交流的悠久历史与实践优势，配合中宣部、外交部制作中国对外交流交往国家主题宣传片，配合中央媒体举办中外友好交往故事会，以广州案例讲好中国坚持和平发展合作共赢的故事，支撑重大主题宣传。

打造从都国际论坛，持续办好大湾区科学论坛、CNBC 全球科技大会、国际金融论坛、亚洲青年领袖论坛等重大国际会议，塑造全球市长论坛、“广州奖”系列活动、广州国际投资年会、官洲国际生物论坛等国际活动品牌，将广州建设为全球重要国际会议目的地。利用会议论坛的途径，重点宣介习近平总书记关于人民至上、改革开放等方面的重要论述，阐释习近平总书记外交理念和主张，分享推动各国各城市共同发展的解决方案，凝聚各个层次的发展共识。

二、持续举办重大国际活动，丰富城市形象

优化升级会展品牌。支持“广交会”品牌优化升级，进一步提升海博会、金交会、创交会等会展影响力，积极孵化培育一批行业领域的龙头会展品牌，吸引更多高端国际会议展览落户，配套建设国际会议设施，建设世界知名的会展之都，协同粤港澳大湾区城市群共建世界级会展目的地。完善琶洲国际商务会展核心功能区、流花会展功能区以及白云国际会议中心功能区，提供国际一流的会展服务，使会展活动成为广州城市体验的重要窗口。

创新国际购物节办展方式，在主要商圈升级改造一批综合体验型购物天堂与购物节联动办展，延展国际购物节展览边界，树立全域化国际消费中心形象。提升美食节展活动国际影响力，做强做大广州国际美食节，注重创新美食国际交流模式，争取博古斯世界烹饪大赛亚太区选拔赛永久落户广州，吸引更多国家和地区美食参展，努力打造集论坛对话、行业展

览、美食交流、技能大赛、美食旅游为一体的国际美食文化互动交流和文明互鉴平台，不断拓展“食在广州”的影响力、辐射力。

办好中国（广州）国际纪录片节、中国国际漫画节等高端文化节展，培育广州国际灯光节、“当代广州”现代艺术展等一批有国际传播潜力的节事活动。不断挖掘广州文交会、广州文化周、广州艺术节、广府庙会、黄埔“波罗诞”千年庙会、广州乞巧文化节等具有岭南文化特色的活动，汉服嘉年华等文化 IP 活动，达尔文国际龙舟节等体现岭南文化“走出去”活动的亮点细节、交流成果，展示广州多层次、宽领域的文化特征。争取举办世界级足球、篮球、网球俱乐部赛事，提升广州马拉松赛、世界羽毛球巡回赛总决赛等影响力，鼓励职业体育俱乐部加强国际合作，举办更多高级别国际体育赛事，建设国际赛事重要举办地。

争取国家文化和旅游部支持广州与香港、澳门等城市联合申办“东亚文化之都”，推动亚洲文明互鉴。完善海丝申遗城市联盟，联合港澳开展海上丝绸之路保护和申遗工作，全面加强与联盟成员之间的协调合作。推进广州中轴线申报世界文化遗产，推动成立粤港澳大湾区文化艺术领域相关联盟，促进多元文化交流融合创新。建设好粤港澳大湾区城市旅游联盟，促进区域优质旅游资源共享，构建一批具有国际竞争力的旅游产品和服务品牌。

三、提升国际传播品牌活动能级，加强全球化表达效果

持续举办中外友好交流故事会，树立“广州故事会”城市传播品牌，以广州故事讲好中国故事。发布广州国际城市创新指数，讲好新时代广州创新创造创业故事，塑造创新城市形象。提升广州城市形象国际传播圆桌会能级，常态化举办城市形象和营商环境海外推介会，培育提升绿水青山从化大会、中国幸福城市论坛影响力，建设中国幸福城市实验室，打造老城市新活力榜单，提高广州城市形象全球推介效能。召开“全球广州研究论坛”学术活动，以广州主题研究成果的出版发布为核心，以学术论

坛、公众讲座、高峰对话等活动为配合，展示全球广州研究的最新进展，开展广州研究热门主题探讨，培育广州实践的国际研讨氛围，进一步提高广州的传播率和影响力。

提升对外文化交流活动品牌知名度。每年在国际友城开展“广州文化周”粤剧、广东音乐曲艺、岭南木偶、杂技、话剧等岭南文化精品剧目巡演、雕塑艺术展览、非物质文化遗产展示、文物精品展览活动。抓实“我们，广州”城市文化推介品牌活动，借力各大国际性行业展会活动，跨界合作，推动广府文化与世界文化交融互进，陆续合作世界航线发展大会、阿塞拜疆港口大会等国际行业盛会。在“广州文化周”“我们，广州”“丝路花语——海上丝绸之路申遗文化之旅”等已有城市文化交流活动品牌的基础上，吸引更多机构和单位参与跨界合作，促进文商旅深度融合，丰富内容创新形式，增加交流频度，扩大交流范围。结合国际重要节庆活动、体育赛事和文化事件等，开展系列文化推广活动。

提升“广州过年、花城看花”活动品牌。百年花市传承广府文化，百花争艳展现花城风采。做好海外新春花市推介活动，精心设置主题，结合春节民俗和粤式美食，面向全球重点城市和地区，展现花城独特魅力。不断挖掘传播传统花市的历史民俗和“时尚创新花市”现代美学风尚等文化交融发展契合点，充分发挥广州鲜花与美食的独特优势，举办“花食与共”艺术美食沙龙、“花式美食”交流会等系列品牌活动，进一步延展花城文化的生命力。营造健康向上、热爱生活、祥和的文化氛围。

第四节　推创精品文化内容

国际传播能力的根本是内容。没有高质量的传播内容，任何传播活动、传播渠道等工作都将成为无本之木，只能停留在浅表的感性认识层次。要把更多高水平广州文化内容推向国际，不断延伸城市故事的内涵和

外延，勾勒可信、可爱的城市形象。

一、对应市场空缺，推出“广州研究”高水平成果

一是支持本土广州主题研究成果的多语种再创作、再出版，加强国际出版市场广州故事供给。广州要鼓励优质的本土成果“走出去”，为国际读者客观、立体地观察了解广州城市发展创造良好条件。针对广州主题外文图书时代性偏弱等现状，着重加强引导和支持对现代广州经济社会发展实践理论总结性研究成果的海外传播，突出研究性成果对反映城市精神内核的重要作用。可侧重广州改革开放经济发展、商贸流通、科技创新、对外开放、城市治理等主题内容，甄选一批国内畅销作品，选择优秀出版社合作策划“广州故事文库”，进行翻译并在国外出版发行，在短期内形成广州出版物在国际市场的规模效应。在此基础上，主动进行专题策划，持续向全社会征集以广州为主题的优秀成果，如反映当代广州社会政治、经济、文化等各个方面发展成就，总结以广州为代表的中国城市现代化治理经验，介绍岭南传统文化、文学、艺术等具有文化积累价值的作品，资助其根据国际阅读习惯以外文形式在国外权威出版机构出版，形成广州故事系列出版物，进入国外主流发行传播渠道，增进海外学者和读者对广州城市发展最新成就的深入了解，推动“中国城市广州经验”的中外学术交流与对话，为讲好广州故事和传播中国声音积累势能。

二是建立广州主题外文出版物数据库，掌握广州主题外文图书国际传播情况。跟踪全球大型出版集团、知名出版社的出版动态，掌握广州题材出版物的发行情况，定期分批采购世界主要语种广州题材图书等出版物，尤其是研究型著作，在广州图书馆设立“全球广州研究”资料室或图书专馆，供本地研究者借阅，提供研究参考。用好现有版权会展资源，在“南国书香节”等本地图书交易会展上设广州题材海外图书专区，向国际出版机构招展，为本地研究机构及学者采购相关海外书籍提供便利。借鉴网络舆情监测管理运作经验，对广州题材的国际研究动态进行实时跟踪。

委派本地广州研究实力雄厚、国际化研究队伍较好的科研团队，定期对广州题材的国际研究和出版最新情况进行翻译及分析，跟踪了解汇总国际主要科研机构、权威专家学者对广州的研究动态，例如广州题材文化产品的市场反响、广州城市发展实践的国际评价、国际社会对广州发展的意见和建议等，为决策及本地研究提供参考。

三是设立“创作广州”海外基金，鼓励支持全球学者研究出版广州主题图书。要重视引进海外研究力量的参与，尤其是发挥海外权威学者深度研究在推动中国话语体系构建中的影响力。傅高义先生应广东省政府邀请撰写的《共产主义制度下的广州：一个省会的规划和政治（1949—1968年）》《领先一步：改革开放的广东》等著作就为世界深刻地认识当代中国和改革开放起到了深远的影响。在广州主题外文出版物数据库基础上，面向海外创作者、机构设立“创作广州”海外基金，与有研究广州兴趣的海外汉学家和研究者建立联系，建设广州题材创作国际人才库，鼓励海外创作者和研究力量加强对广州各领域发展的创作和研究，并为来穗开展深度调研、长期访问的机构学者提供资助及便利，推动“广州范例”进入国际学术视野延长传播生命力。根据广州国际大都市建设中的重大理论和现实问题，面向全球进行课题招标，开展多层次研究资助，汇聚全球研究智慧为中国式现代化理论下全球城市发展贡献高水平决策参考。积极发展与相关领域国际学会、协会，期刊出版社及国际组织等权威研究交流平台的联系及合作，通过平台报道及推介“创作广州”专项科研基金、研究成果出版等信息，实现广州主题外文图书在相关领域的精准传播，让广州成为国际热点话题。

二、迎合市场需求，再造时尚创意的城市外宣品

一是推动多媒体城市宣传品推陈出新。广州城市发展日新月异，要不断迭代制作适应国际表达的官方城市形象片，凸显广州城市形象。把握好“广州内容”与“国际表达”的关系，策划制作国际一流的官方城市宣传

片，凸显广州城市形象。与国际媒体合作策划拍摄高质量广州题材纪录片，从城市建设、人文文化、生态保护、国际交往等角度展示现代广州飞速发展的变化，讲述广州经济社会发展的生动故事。

二是与海内外知名社交媒体平台建立合作，结合广州重大节庆、重要赛事、著名景点，鼓励吸引海内外游客、观众创作与广州有关的优秀作品，并通过社交平台进行广泛传播，制造热点。招募各行各业，尤其是科技创新、创业经商、影视娱乐、政策研究等方面的国际名人名家，担任城市形象大使和金牌向导，出席推广活动、利用全息影像技术录制广州导览音视频，使城市形象传播更具个性化、趣味性和交互性。利用名人大V牵领，建立城市形象国际粉丝团，利用境外社交媒体平台积极与粉丝群互动，一方面利用热点话题和事件营销推广城市外宣品，增强粉丝黏性；另一方面通过粉丝收集设计灵感，进一步推动城市外宣策略的迭代升级。

三是制作反映广州经济社会人文发展等取得突出成就的外宣资料，以画册、折页、手册等不同形式印发，供全市各级各部门在公务活动场合中使用，并在旅游景点、交通站点、文化场馆、邮政网点等公共场所摆放。邀请一批国际设计师，结合广州传统非遗，开发设计一系列具有特色的城市纪念品和文化衍生品，在重大活动、国际路演、友城互访、国际会展等重要场合派发，同时在旅游景点、文化场馆等城市对外窗口及网络平台销售，扩大流通影响。

三、结合受众审美，推动文化精品出海

与追求技术层面上搭建海外传播渠道的“走出去”相比，对外传播的“走进去”强调将信息送达传播对象和实现预期效果，要求在研究受众特点、接受习惯和信息需求基础上，坚持内容为王、创意制胜的原则引导文艺创作，深入分析当今世界文化消费市场的总体心理趋势、消费习惯及文化特点，充分考虑国外受众的欣赏习惯、审美情趣和消费心理，努力打造适销对路的文化产品。

一是组织拍摄融通中西文化的“广州故事”系列影视作品，为广州市文化企业与国外影视制作团队合作具备中华文化特色并符合国际化定位的优秀影视动漫作品，以及国内外影视公司来穗取景拍摄创作以广州为背景的优秀影视文化产品提供资助。设立专项基金，优化版权输出品种和质量，推动影视和动漫精品进行多语种制作，鼓励优秀作品积极参与国际影视节、漫画展等国际评选及展播，扩大广州文艺精品国际知名度。

二是坚持“文化+科技”“文化+创意”“文化+金融”“文化+互联网”，以丰富深厚的文化资源和非物质文化遗产为基础，继承和弘扬粤剧、广东音乐、“三雕一彩一绣”、杂技、木偶等岭南传统艺术。结合时尚流行文化元素，创新运用动漫、灯光秀、无人机表演等时尚文化表现形式，利用现代包装和表达模式把岭南丰富的民族文化产品意境展示出去，生产出既具有岭南文化艺术特色、又富有时代感，适应海外文化市场的、具有国际影响力的文化科创产品。鼓励企业开展技术创新，增加对文化出口产品和服务的研发投入，开发具有自主知识产权的关键技术和核心技术，增加文化科技和文化设计创意产品的出口。

三是鼓励本土文化企业与知名出版发行机构合作，提高广州文化精品的国际化生产能力。世界知名出版发行机构尤其是全球大型出版集团，掌握着覆盖全球的创作者资源和营销网络，是广州打开文化精品全球传播局面的重要渠道。广州要为本土文化企业与国际出版发行机构牵线搭桥，通过项目合作、信息共享等方式，运用知名出版发行机构的国际化文化制品设计策划和分销渠道优势，合作围绕广州题材精品图书音像内容，翻译出版或策划开发一系列高水平和最新的文化精品，对国际市场形成广州主题文化精品的持续性供给，提高广州版权输出的能力。为出版机构提供最新的、准确的广州公共信息，为其出版涉穗通用读物如地图、导游手册等出版物提供素材支撑；发现不准确的图书内容，及时联系提醒，再版时加以更正。

四是鼓励和引导文化企业扩大文化产品出口品种，出口更多体现岭南文化、展示广州城市形象、面向国际市场的文化产品和服务，在产品生

产、市场营销和出口补贴等方面予以重点支持。提高文化产品的科技含量，支持文化和科技、文化和创意产业融合发展，推动文化产业与其他相关产业在文化贸易方面的跨界交融发展，不断催生文化贸易“新产业、新业态、新技术、新模式”，为对外文化贸易的创新发展开拓新的领域和发展空间。扶持本地出版机构“走出去”，设立专项资金扶持本地出版机构开发国际出版业务、拓展国际市场、参与国际竞争。通过对版权产品输出的支持、版权经纪人的培训、优秀版权代理机构的奖励和补贴，支持和扩大版权对外输出核心能力的提升。

四、促进跨界融合，推出感染力强的数字文化产品

一是开发数字化文化产品。大力推动文化内容形式、传播手段创新，不断创造新的文化样式，运用现代技巧增强文化产品的表现力、吸引力和感染力；深入挖掘广州特色文化资源，鼓励文化企业充分运用大数据、云计算等新技术，开发适用于互联网、移动终端的国际化数字文化产品，培育文化创意信息融合新业态；促进新媒体与广播影视、出版印刷、动漫游戏、演艺娱乐、创意设计、工艺美术等行业的融合，推动数字杂志、数字报纸、数字广播、移动电视、网络、数字电视、数字电影等产品与服务出口。

二是加大广州主题外文出版物的数字化传播力度，构建多重宣传网络实现精准传播。数字发行已经成为出版物发行的重要渠道。广州出版业要顺势而为，推进广州主题外文出版物的数字化转型升级，根据电子化阅读习惯，加大对读纸、读屏、听书、数据库等多种介质的开发，为读者提供贴心服务。主动利用新媒体丰富营销手段，争取广州主题出版物在主流电子阅读音像 App、电子阅读器的投放全覆盖，运用新媒体推送扩大营销范围，利用网络社群建立广州出版物读者群开展深度营销。

三是依托广州丰富的文化旅游资源，开发 AR、VR 云游等城市风光文化数字产品。利用前沿科技、艺术设计，结合广州独特历史文化元素，

在城市地标、重点商圈、风景园区、文化建筑等市政设施、建筑立面、公共空间精心打造一批互动艺术装置。通过互动艺术装置，城市居民和游客可以使用智能手机、无线互联网和游走等方式，沉浸在城市中，与城市互联互动，加强人与城市之间的互动交往，为老城市带来活力和温暖。挖掘城市旅游观光、休闲娱乐、文化体验等价值点，发展新经济，吸引资本和项目，推动文、商、旅、数的跨界发展和融合，不断增强四者之间的产业联系，同时拓展产业的发展空间。

第五节　促进人文交流对话

在国际组织、友好城市、智库交往等广州国际交往传统优势领域持续发力，开展“交往 + 传播”重点工作，以交往促传播、以传播扩影响，形成国际传播综合实效不断提升的良好局面，助力粤港澳大湾区塑造人文湾区形象。

一、拓展国际组织交往，践行中国式现代化全球发展理念

国际组织是城市开展对外交往、参与城市间国际事务的宝贵资源，借助国际组织的多边合作机制，城市不仅可以为自身发展谋求更多、更新、更广泛的国际资金、技术和市场，还可以构建全方位、多层次的合作伙伴关系，为城市繁荣创造积极有利的国际环境。城市积极参与国际组织，开展城市多边外交的同时，也有助于塑造和传播城市国际形象：国际组织作为常设的国际论坛，是城市展现发展成就和政策主张的重要舞台，同时还可以影响国际舆论，获得更广泛认同；国际组织制定的各种规则、章程对成员城市具有相当的约束力，城市积极参与国际组织决策讨论、影响规则制订，既是确保这些章程规则符合本城市利益的有效手段，也是城市积极

参与全球治理的重要体现，有利于增强城市话语权、扩大城市国际影响力。

充分发挥广州作为世界大都市协会主席城市、世界大都市协会亚太区办公室以及在世界城地组织城市创新专业委员会和亚太区妇女委员会中的领导地位，以广州国际城市创新奖为重点品牌，深度参与国际组织平台上的城市多边对话与合作，推动全球城市伙伴和国际组织机构伙伴的资源联动，践行共商共建共享的全球治理观，增强城市的国际公信力。强化“广州奖”品牌效应与辐射面，探索设立广州国际城市治理创新研究院，持续举办国际城市创新领导力研讨班，推进广州奖社会化运营创新，加大“广州奖”宣传推广、成果转化应用力度。提升全球市长论坛影响力，探索设立全球市长论坛秘书处，在“城市创新”的主题和框架下，通过会议套开、会展结合等途径，吸引更多国内外城市、各民间界别组织共同参与，在全球城市治理创新领域持续发声，在构建人类命运共同体旗帜下，提出“广州思考”和“广州倡议”，引领全球城市治理创新发展。

拓展与高规格国际组织的交流合作，积极支持符合全球发展观的国际行动。积极推动同联合国、世界银行、世界卫生组织等高规格国际组织在华机构合作，深化在可持续发展目标地方自愿陈述行动、城市降温试点项目、全球应急枢纽等项目中的参与度，拓展在创意城市、全球城市监测、健康城市等城市实践层面的项目合作，推动“广州实践”纳入更多国际组织全球发展研究报告，通过地方实践推动落实全球发展倡议，促进全球城市的共同繁荣。

加强与重点领域国际组织的合作，努力提升我国城市在世界舞台上的话语权。积极参加 C40 城市气候领导联盟、倡导地区可持续发展国际理事会、世界城市文化论坛、亚太城市旅游振兴机构的会员交流，争取在各类国际组织框架内策划组织以中国城市为主题的论坛活动，推进全球资源共享、全球智慧汇聚，推动世界深度理解中国。争取在国际组织交流平台中，策划组织以中国城市为主题的论坛活动，介绍中国城市的发展模式和经验，为全球城市发展提供有益借鉴。

强化与驻穗领团沟通联系机制，精心策划驻穗领团读懂广州系列活动，邀请驻穗领馆出席广州举办的高端国际会议会展，通过加强同领馆的活动和联系，推动各类境外驻穗机构积极参与城市建设，吸引更多国际要素来穗集聚与发展，促进经贸、人文、旅游等交流合作，增进与各国友好互信。争取更多跨国组织机构落户，争取一批国际组织来穗发展，为国际治理秩序变革贡献中国力量、城市智慧。

二、深化国际友城交流，系牢民心相通的情感纽带

广州要更加注重发展各层次国际友好伙伴关系，推进各领域和平发展务实合作的成果落地。推广友好城市多边合作，深入实施国际友城“百城+”计划，抓住 RCEP 协定生效实施机遇，深耕“一带一路”沿线友城关系，完善拓展“四位一体”友城交往格局，增强友城交往服务中心工作综合效益，全方位拓展国际友好伙伴，打造富有活力的全球城市朋友圈。

要继续深化友城多边合作机制，进一步扩大广州—奥克兰—洛杉矶三城经济联盟的合作领域，丰富三方合作内容、活跃往来交流，做强做实国际传播内容，以“打造世界友城合作典范”为主题，通过国际组织、国际城市论坛、国际城市出版物及其他多种渠道，加大对这一由广州发起并具有话语权的城市间合作机制的国际传播力度，为全球城市间互利互惠合作提供广州模式。

支持民间组织和社会团体广泛开展公共外交和民间友好往来，在教育、文化、体育等层面与国际进行合作、宣传。推动友城合作平台化项目化机制化发展，擦亮广州国际友城文化艺术团、国际友城高校联盟、国际友城足球交流学校等国际友城交流品牌，办好国际友城青少年足球交流活动、珠江·凯撒堡国际青少年钢琴大赛、“一带一路·太阳之旅”里昂—广州自行车挑战赛，推动多层次多领域友好交流。花语为使象征城市精神，配合广州重大节事活动，开展以花语为象征的新媒体推送活动，以花

语诠释广州城市优秀品质，通过全球知名社交媒体广泛传播。开展国际友城花语交流传播，运用广州及其友好城市市花及花语，在友好城市间周期性展览宣传，以花语传递城市精神和美美与共的友好信息，厚植城市友谊。

进一步拓宽友城智库传播空间。在广州大学发起成立的“广州国际友城大学联盟”基础上，策划举办友城间智库互访、联合举办友城智库论坛，探讨发起成立“广州友好城市智库合作网络”，推进成立粤港澳大湾区城市形象国际传播战略联盟，积极与世界主要地区城市结成传播联盟，参与城市传播主流国际组织和研究机构活动，互换及共享传播网络资源和传播技术，加速融入全球城市传播网络。

三、推进全球智库交流，促进国际学术界深化中国式现代化理论理解和应用

在全市层面上加大对国际智库交往资源的开发力度，根据智库发展战略和科研重点，加强与相关国际知名科研和咨询机构、国际组织、行业协会、教育机构以及媒体等的联络沟通，为广州智库开展学术成果对外推介、科研人员互访交流、举办学术研讨、开展课题合作、召开国际会议等搭桥牵线。支持广州智库在全球关键性国家的重要节点性城市布局设点，建立海外分部或者办事处，加快走向国际化、全球化的步伐，通过学术交流、政策传递、影响媒体和组织国际会议等多种形式，发挥智库等机构的国际传播功能，为全球城市治理创新提供中国城市经验和范例。助力广州智库广泛建立国际合作网络，创设常态化、机制化智库国际合作平台，建立与国外智库尤其是西方发达国家智库间的交流与合作机制，定期互访，围绕共同关心的议题开展研究和讨论，促进中国话语中国智慧在世界范围内得到广泛传播和共鸣。加大对国际组织、行业协会资源的开发利用，推动广州地区智库机构与之对接合作，扩大非政府主体在国际组织事务中的积极参与，以权威性、专业性、客观性的角度发出广州声音、传递广州信

息、讲述广州故事。

将中国式现代化的广州实践等智库研究成果纳入对外交往活动的宣介材料，利用对外交往优势，在高端国际平台面向对广州有兴趣或深入研究需求的人士展开精准宣介，提高国际社会对“广州话题”的关注度，充分实现“广州研究”成果的社会价值。根据图书主题内容的匹配性，将广州主题外文研究成果纳入广州参与的高访、国家主场外宣活动以及国际性会议平台，广州举办的国际会议等各领域多层次国际交流场合发布或作为活动材料发放推广。借助国际书展开展广州主题外文研究成果的全球推广，争取在北京国际图书博览会、香港书展等国内重要影响的国际书展设立独立展台，争取在广州对外交往活跃地区的重要国际书展，如法兰克福书展、伦敦书展、美国书展、东京书展、阿布扎比国际书展、开普敦国际图书展、瓜达拉哈拉国际书展等，以设立小展台、联合展台，组织专题读书会、座谈会等多种方式，拓展相关地区市场。

结　　语

在推进中国式现代化的系统工程中，国际传播为创造良好的舆论和外部环境、凝聚构建人类命运共同体的国际合力发挥着关键的作用。2023年7月1日起实施的《中华人民共和国对外关系法》第四十四条明确规定“国家推进国际传播能力建设，推动世界更好了解和认识中国，促进人类文明交流互鉴”，为国际传播能力建设工作提供了坚实的法律依据，也唤起国际传播人对国家战略传播的新一轮思考和探讨。国际传播工作的体系化建设是提升传播能力的必然方向，传播体系中每一个层级都必须清晰地认识所处的方位和发挥作用，进行科学合理的分工和布局。本书以广州城市形象特征的历史演变和未来展望为切入点，整合提炼广州参与国际传播的实践主线和发展思路，以期对中国城市从具体实践案例的个体性成功中走出来，以更大的格局视野思考国际传播工作，释放规模性的传播合力形成启发，使国际传播更好地为中国式现代化事业贡献应有之力。

参考文献

[1] 安东尼·吉登斯. 现代性的后果 [M]. 田禾，译. 黄平，校. 上海：译林出版社，2000.

[2] 白贵，邸敬存. 国际战略传播：如何超越“地方性”话语局限 [J]. 现代传播（中国传媒大学学报），2022，44（11）：57－63.

[3] 白佳慧.《人民日报》（2000. 1—2017. 8）呼和浩特城市形象报道研究 [D]. 呼和浩特：内蒙古师范大学，2018.

[4] 包萨仁娜，张毓强. 国际传播新征程：增强中华文明传播力影响力的时代议题 [J]. 对外传播，2022（11）：63－67.

[5] 昌敬惠，王宇涵. 试论广州国际形象传播策略的转变：以城市形象宣传片为例 [J]. 采写编，2018（2）：39－41.

[6] 陈晖. 广州政务双微平台构建城市形象策略研究 [D]. 广州：广东外语外贸大学，2017.

[7] 陈倩，李凡. 城市营销经典案例：第一辑·国内城市篇 [M]. 北京：经济管理出版社，2023.

[8] 陈熙. 主流媒体中武汉城市媒介形象呈现：基于《人民日报》2010—2016年报道 [J]. 传播与版权，2017（7）：155－158.

[9] 陈玉莲. 城市形象宣传片中多模态转喻与隐喻的认知构建：以《花开广州·盛放世界》为例 [J]. 淮北师范大学学报（哲学社会科学版），2018，39（6）：107－111.

[10] 陈玉婷. 全球化语境下广州城市形象片的城市文化形象建构 [J].

文化与传播，2018，7（2）：76－79.

［11］程丹，詹增荣. 广州推进文化体制机制创新研究：以体育赛事文化协同创新运行机制为例［J］. 中国商论，2018（2）：183－185.

［12］崔淑慧，徐洪. 城市形象的塑造与感知研究现状分析：以广州市为例［J］. 汕头大学学报（人文社会科学版），2018，34（4）：58－63，95－96.

［13］崔远航. “国际传播”与“全球传播”概念使用变迁：回应“国际传播过时论”［J］. 国际新闻界，2013，35（6）：55－64.

［14］董婷. 中国城市形象国际传播初探：从广州举办2017《财富》全球论坛说起［J］. 西部广播电视，2018（7）：25－26.

［15］范荟. 城市品牌塑造中的政府作用研究：以广州为例［J］. 企业技术开发，2015，34（4）：54－56.

［16］冯乔. 以公共艺术活动打造城市品牌：广州国际灯光节的价值研究［J］. 美术学报，2015（2）：82－88.

［17］高金萍，王纪澎. 奥运光环下北京的嬗变：2009—2016年国外主流媒体关于北京报道的分析报告［J］. 现代传播（中国传媒大学学报），2017，39（6）：39－43.

［18］高晓虹，赵希婧. 新时期国际传播能力建设的理念拓展与路径创新［J］. 中国编辑，2017（4）：4－9.

［19］巩瑞波. 构建与超越：现代化中国方案研究［D］. 长春：吉林大学，2018.

［20］广州市人民政府新闻办公室，广州市社会科学院国际问题研究所. 扬财富全球风帆 展魅力广州形象：广州2017《财富》全球论坛外宣工作的体会与思考［J］. 对外传播，2019（1）：67－69.

［21］郭光华. 我国媒体国际传播能力构建路径探索［J］. 现代传播，2015，37（5）：24－28.

［22］郭坤. 中国社会主义现代化道路的形成及其历史经验［D］. 北京：中共中央党校，2020.

［23］郭全中，周淑芬. 主流媒体如何做好中国式现代化多维解读［J］. 新闻战线，2022（23）：66－68.

［24］何斌. 地方政务微信叙事转型与优化［J］. 传媒论坛，2019（12）.

［25］洪向华，冯文燕. 中国式现代化与中国特色社会主义文化新发展［J］. 当代中国与世界、2022（4）：39－46，125.

［26］洪晓楠. 中国式现代化理论的系统阐释［J］. 世界社会主义研究，2022，7（11）：42－47，132.

［27］侯迎忠，陈晖. 政务新媒体构建城市形象策略研究：以广州三家政务"双微"平台为例［J］. 新媒体与社会，2018（1）：23－36.

［28］侯迎忠. 突发事件中政府新闻发布公众认知与社会效果的实证研究：基于广州、兰州的调查分析［J］. 新闻与传播研究，2013（3）.

［29］胡美东. 新时代地方国际传播工作的高质量发展路径［J］. 对外传播，2022（9）：40－42.

［30］华翊含.《人民日报》对昆明城市形象的建构与传播［D］. 昆明：云南大学，2014.

［31］黄楚新. 媒介融合背景下的新闻报道［M］. 杭州：浙江大学出版社，2010.

［32］黄俊. 重庆城市媒介形象的追溯与流变：基于70年来《人民日报》头版涉渝报道的分析［J］. 重庆交通大学学报（社会科学版），2018，18（3）：128－135.

［33］黄敏意. 论街道品牌形象塑造对城市发展的重要性：以广州金沙街区域品牌设计为例［J］. 绿色包装，2017（8）：64－69.

［34］季子正. 马克思主义现代化理论与实践研究［D］. 北京：中共中央党校，2020.

［35］姜颖. 中国现代化实践对"现代性"的检视与超越［D］. 北京：北京交通大学，2008.

［36］蒋欣，叶阳. 城市形象宣传片对外传播策略思考［J］. 青年记者，2018（20）：27－28.

[37] 接丹丹. 移动短视频视域下城市形象传播策略分析：以抖音为例 [J]. 传媒，2019（11）：46－49.

[38] 郎劲松，侯月娟. 现代政治传播与新闻发布制度 [J]. 现代传播，2004（3）.

[39] 李凡. 城市营销经典案例：第二辑·国际城市篇 [M]. 北京：经济管理出版社，2023.

[40] 李鹏. 中国式现代化：基于马克思主义政党与经济理论的研究 [M]. 北京：国家行政学院出版社，2021.

[41] 李泉. 城市政务微信公众号的内容生产逻辑研究：以“上海发布”为例 [J]. 新闻与写作，2019（10）.

[42] 李薇. 会展符号学视域下广交会与广州城市品牌建设研究 [J]. 五邑大学学报（社会科学版），2017，19（4）：56－59，91－92.

[43] 李宇. 新形势下国际传播的理论探索与实践思考 [M]. 北京：外文出版社，2022.

[44] 李智，雷跃捷. 从国际话语权视角构建和传播中国式现代化话语体系 [J]. 对外传播，2022（12）：36－40.

[45] 梁加文. 论民间外宣的整合机制研究 [D]. 广州：暨南大学，2015.

[46] 刘昊，谢思怡. 浸润、涵化、认同：自媒体视域下城市国际形象的渗透式传播 [J]. 当代传播，2022（6）：85－89.

[47] 刘峻希. 19 世纪上半叶在华英文报刊关于岭南报道与广州城市形象之关系 [J]. 中国报业，2017（22）：36－39.

[48] 刘彦平. 中国城市营销发展报告：国家品牌战略的城市担当 [M]. 北京：中国社会科学出版社，2018（1）.

[49] 刘照清，刘家珉. 关于广州城市形象感知的实证研究 [J]. 商业时代，2010（19）：137－138.

[50] 吕律. 中国政务微信运行的现状、问题与对策研究 [D]. 保定：河北大学，2014.

[51] 栾铁玫. 中国式现代化的故事内核与传播话语 [J]. 编辑之友, 2023 (1): 6-13, 28.

[52] 罗建波, 孔志国. 如何对外讲好中国式现代化 [J]. 对外传播, 2022 (12): 13-17.

[53] 马源. 广州传统文化空间的发展路径 [J]. 城乡建设, 2018 (8): 50-52.

[54] 毛磊, 张今誉. 新时代中国式现代化话语体系建构: 生成逻辑、内在意蕴与基本遵循 [J]. 中共南京市委党校学报, 2022 (6): 9-18.

[55] 聂国娜, 杨凯, 刘一璇. 微信平台广州城市形象对外传播策略研究: 基于"在穗外国人微信使用和广州城市印象"调查 [J]. 对外传播, 2019 (1): 54-57.

[56] 欧阳雪梅. 中华文化国际传播能力建设路径探析 [J]. 湖南社会科学, 2015 (1): 183-187.

[57] 欧阳勇俊. 公共图书馆助力城市形象推广: 以"广州之窗"城市形象推广厅为例 [J]. 农业图书情报学刊, 2017, 29 (10): 111-114.

[58] 潘霁. 本地与全球: 中英文媒体与澳门城市形象: 框架理论的视角 [J]. 国际新闻界, 2018, 40 (8): 156-165.

[59] 史安斌, 廖鲽尔. 国际传播能力提升的路径重构研究 [J]. 现代传播, 2016, 38 (10): 25-30.

[60] 史安斌. 新时代国际传播能力建设的新思路新作为 [J]. 国际传播, 2018 (1): 8-15.

[61] 史小今. 地方国际传播能力建设新路径探析 [J]. 对外传播, 2022 (6): 63-66.

[62] 宋吉玲. 中国特色现代化理论体系研究 [D]. 西安: 陕西师范大学, 2007.

[63] 苏长和. 中国式现代化道路与国际关系的解放 [J]. 国际论坛,

2023，25（1）：3，31－33，155.

[64] 孙宏媛.《人民日报》（2003—2015）报道中沈阳城市形象的呈现［D］. 沈阳：辽宁大学，2016.

[65] 孙绍勇. 推进拓展中国式现代化的逻辑主线及理路构建［J］. 管理学刊，2022，35（6）：1－10.

[66] 孙伟. 新中国国家治理现代化理论与实践研究［D］. 北京：中共中央党校，2020.

[67] 孙宇，宫承波. 国际传播精准化的基本逻辑与多维进路［J］. 当代传播，2022（6）：75－77.

[68] 王大可，李本乾. 国际媒体涉穗报道演进趋势、议程分布和框架特征［J］. 国际传播，2018（4）：86－96.

[69] 王浩斌. 马克思主义社会现代化思想在中国的实践和发展［D］. 西安：陕西师范大学，2003.

[70] 王华，赵雨. 人类文明新形态对外传播话语体系的构建：范畴、逻辑与路径［J］. 山东师范大学学报（社会科学版），2022，67（6）：13－24.

[71] 王骏楷. 广州恒大俱乐部对广州城市形象的传播研究［D］. 重庆：西南政法大学，2015.

[72] 王立胜. 中国式现代化道路与人类文明新形态［M］. 南昌：江西高校出版社，2022.

[73] 王眉. 智库国际传播与对外话语体系构建［J］. 新疆师范大学学报（哲学社会科学版），2015，36（6）：2，94－100.

[74] 王怡. 节事活动与城市形象传播：以广州马拉松比赛为例［J］. 湖南大众传媒职业技术学院学报，2017，17（1）：29－32.

[75] 王毓，钟晓雯，钟敏琦. 日本人眼中的广州城市形象调查研究［J］. 赤峰学院学报（自然科学版），2014，30（10）：146－148.

[76] 吴飞. 国际传播系列案例分析［M］. 杭州：浙江大学出版社，2013.

[77] 吴绮江. 新媒体时代背景下地方政府新闻发布制度研究：以江苏为

例［D］．南京：南京理工大学，2017.
［78］希尔，沃森，乔伊斯，等．人际传播关键主题（文化身份与表演）［M］．刘蒙之，景琦，译．北京：世界图书出版公司，2016，9.
［79］潇潇．媒体报道与广州城市形象传播研究［J］．大众文艺，2016（6）：186.
［80］徐洪．泰国、越南、印尼留学生广州城市形象感知分析［D］．广州：华南理工大学，2018.
［81］徐小丹．新形势下做好地方国际传播工作的实践与思考［J］．对外传播，2022（10）：43－45.
［82］徐子棉．当代中国现代化从中断到全面启动的社会动因研究［D］．西安：陕西师范大学，2012.
［83］延森．媒介融合：网络传播、大众传播和人际传播的三重维度［M］．刘君，译．上海：复旦大学出版社，2018.
［84］严功军．全球化转型：国际传播与能力建设再思考［J］．新闻界，2018（8）：84－92.
［85］杨平，范大祺．新时代对外话语体系建设实证研究［M］．北京：外文出版社，2022.
［86］姚宜．广州城市国际形象探析：基于“外国人眼中的广州城市形象”调查［J］．城市管理与科技，2015，17（5）：27－30.
［87］叶美彤．基于在穗外国人感知维度的广州城市治安形象研究［D］．广州：广东外语外贸大学，2018.
［88］于晶．从媒体到受众：政府危机传播效果的二级评估模式建构［J］．新闻与传播研究，2012（2）.
［89］于运全．对外传播优秀案例研究［M］．北京：朝华出版社，2023.
［90］于运全．新时代治国理政对外传播研究［M］．北京：朝华出版社，2023.
［91］曾嵘．中国式现代化道路与人类文明新形态理论研讨会暨《中国式现代化道路与人类文明新形态》新书发布会综述［J］．哲学动态，

2022（10）：125－126.

［92］张丽杰. 城市传播视角下党媒对合肥的报道研究［D］. 合肥：中国科学技术大学，2017.

［93］张善博. 中国式现代化的基本理论与实践创新［D］. 长春：吉林大学，2022.

［94］张伟，孙应帅. 党的十八大以来中国式现代化研究述评［J］. 中国井冈山干部学院学报，2022，15（6）：137－144.

［95］张蔚鸰，江金波. 广州城市品牌个性的多群体感知比较研究［J］. 品牌研究，2017（6）：18－26.

［96］张文娟. 云南国际传播的地方实践及经验启示［J］. 青年记者，2022（16）：84－86.

［97］张欣. 中国式现代化竞技体育强国：内涵特质、原则遵循与实践路径［J］. 天津体育学院学报，2022，37（6）：621－625，637.

［98］张艳艳. 中国式现代化道路话语体系建构研究［D］. 兰州：兰州大学，2022.

［99］张毓强，于运全. 从形象到战略：中国国际传播观察新视角［M］. 北京：朝华出版社，2022.

［100］赵路平. 公共危机传播中的政府、媒体、公众关系研究［D］. 上海：复旦大学，2007.

［101］赵裴. 实践中的现代化理论［D］. 上海：上海外国语大学，2008.

［102］赵文丹. 城市形象的国际化传播策略：对《人民日报》（海外版）对沪、津、渝三市的报道分析［J］. 当代传播，2010（6）：104－106.

［103］周丽婵. 城市马拉松在媒介语境中的城市形象营销［D］. 广州：华南理工大学，2016.

［104］周庆安，刘勇亮. 多元主体和创新策略：中国式现代化语境下的国际传播叙事体系构建［J］. 新闻与写作，2022（12）：21－28.

［105］周庆安，王静. 媒介融合下新闻发布与社会信任变迁［J］. 新闻与

写作，2019（2）.

［106］周庆安，朱虹旭. 国际传播新叙事：中国式现代化故事的探索、构建与提升［J］. 国际传播，2022（5）：1－10.

［107］周文，施炫伶. 中国式现代化与人类文明新形态［J］. 广东社会科学，2023（1）：14－24.

［108］朱戈. 新形势下提升中国国际传播能力路径［J］. 中国出版，2016（8）：11－14.

［109］宗志远.《人民日报》（1997—2016）对香港形象的建构研究［D］. 广州：华南理工大学，2017.

［110］邹蔚苓，尹佳林. 非洲人视域下的广州城市形象调查［J］. 东南传播，2018（11）：49－51.

［111］左艺芳. 新时期电视剧中广州形象的呈现与建构［D］. 广州：暨南大学，2016.

［112］GEORGE H P. Freedom of information［J］. Information today，2010（4）：17－20.

［113］KATHLEEN F B. Crisis communications：a casebook approach［M］. New Jersey：Lawrence Erlubaum Associates，2010（9）.

［114］KURT P S. A strategic approach to crisis management［M］//Clarke L C ed. The handbook of strategic public relations and integrated communications. New York：Mc-Graw-Hil，1997：189－203.

［115］RIPLEY S D. International communication in the twentieth century［J］. Bulletin of the atomic scientists，1968，24（6）：53－55.

［116］THUSSU D K. International communication ：continuity and change［J］. Journalism & mass communication educator，2006，56.

［117］THUSSU K D. International communication：continuity and change［M］. London：Anorld of Hodder Headline Group，2000：3.